조직의 마음을 열어보는
리더십의 열쇠

조직의 마음을 열어보는
리더십의 열쇠

저자	심용택
1판 1쇄 인쇄	2023년 12월 20일
1판 1쇄 발행	2023년 12월 20일
펴낸곳	디스크코리아
펴낸이	김효선
디자인	정다희
이메일	disc@disckorea.co.kr
값	17,000원
ISBN	979-11-985202-0-3

잘못 만들어진 책은 구입하신 서점에서 교환해 드립니다.

조직의 마음을 열어보는
리더십의 열쇠

행동유형분석 DISC로 읽는 팀원의 속마음

심용택 지음

행동유형분석 DISC로 읽는 팀원의 속마음

Prologue
리더, 조직의 핵심이자 꽃

:

리더는 조직의 핵심이자 꽃이다.
리더는 조직의 방향성과 실행계획을 구성원에게 제시해야 한다.

    필자가 ROTC 장교로 임관 후 입교한 육군보병학교 교훈은, '나를 따르라'였다. 당시 이 슬로건은 '리더의 전략적 판단과 신속한 의사결정이 조직을 이끈다'는 전통적이고 대표적인 리더의 모습을 상징했었다. 그러나 시대가 변하고 리더의 역할 역시 과거와는 달라지고 있다. 오늘 우리가 추구해야 할 리더십은 각자 맡은 일의 목적을 명확하게 도출하고, 그 과정을 통해 그들의 열정 에너지를 가득 담아낼 수 있도록 하는 것이다. 나아가 그들이 가지고 있는 잠재력을 극대화하는 것이다.
    현대의 리더는 더 이상, '1인 독주체제'를 의미하지 않는다. 복잡

하고 빠르게 변하는 시대 흐름에 대응하기 위해선 각 단위별 리더가 필요하다. 조직을 구성하는 단위마다 리더가 필요하고, 나아가 모든 구성원은 리더가 될 수 있는 역량을 키울 필요가 있다. 즉, 리더는 스스로의 역량을 키움과 동시에 구성원 각각을 잠재적 리더로 상정해 리더십을 발휘해야 한다.

조직의 리더가 된다는 것은 개인의 역량과 성과에 대한 높은 평가는 물론이고, 조직을 성장시킬 수 있는 가능성을 인정받은 셈이다. 조직의 일원으로서 '일단은' 더없이 좋은 평가를 받은 것이다.

즉, 리더가 된 이상 구성원 한 명이 아니라 철저하게 조직의 관점에서 조직과 구성원을 바라봐야 한다. 이것은 단순히 '조직에 충성하라'는 구시대적 가치를 의미하는 것이 아니다. 한 조직의 리더가 된다는 것은 조직의 발전은 물론이거니와, '내 인생' 역시 한 단계 업그레이드된다는 것을 의미한다. 내 삶 자체를 좀 더 능동적이고 열정적으로 운영할 수 있는 계기로 즐겁게 받아들일 일이다.

물론 세상 일이 말처럼 간단하지 않다는 것을 저자 역시 잘 알고 있다. 하지만 '현장에서 쉽게 휘발되는 말을 글로 정리해, 간결한 지침서로 만든다면 좀 더 쓰임이 있지 않을까' 라는 생각이 이

책을 쓰게 된 시작이다.

이 책은 이제 막 조직의 리더가 된 '새내기 리더'들과 리더를 꿈꾸는 '도전자'들을 위한 것이다. 리더가 가져야 할 생각과 태도, 실무역량까지 담고 있다. 엄밀히 얘기하자면 이 책은 리더십 '이론서'가 아니다. 이 책엔 참고문헌이 많지 않다. 저자가 리더로서 쌓아온 현장 경험이 주된 참고 자료이다. 다만, 개인적인 경험을 최대한 많은 사람들이 적용하고 발전시킬 수 있도록 객관화하기 위해 노력했다.

지나고 보니 현장 리더로서 활동했던 점 중 아쉬운 부분도 많다. 이런 점에 대해선 여전히 현장의 리더로 활동하는 동료들의 의견과 자문을 통해 보완하였다.

이 책은 리더가 가져야 할 자세와 태도, 그리고 그와 관련된 세부 매뉴얼을 아래와 같이 크게 3가지 주제로 담고 있다.

1. 새내기 리더로서 어떤 생각과 태도로 준비할 것인가
2. 구성원과 소통을 어떻게 할 것인가 – DISC 이론
3. 성과 창출은 어떻게 할 것인가 – PDCA 이론

본 저자의 판매 영업 경험을 중심으로 정리했다. 여러 가지 주

제를 다루고 있으나 부제와 같이 행동유형분석 DISC 관점에서 전체적인 이야기를 풀어나가려고 노력했다. 그리고 실전에 적용할 수 있게 판매 경험 중심의 구체적인 사례를 들어 정리했다.

시장 환경은 급속하게 성장하고 빠르게 변화하고 있다. 이러한 상황에서 구성원에 대한 이해와 전략적인 판단도 중요하지만, 리더의 빠른 의사결정을 통해 조직의 힘을 하나로 집중시킬 수 있는 강력한 리더십이 요구되는 경우가 늘고 있다. 다양한 상황에 필요한 리더십에 대해서도 제안하였다.

MZ시대. 이 책의 독자가 될 주요 대상 역시 MZ세대다. MZ세대는 자기주장이 강하고 개인주의 성향이 강해, 조직에 대한 이해도가 떨어지고 충성도가 약하다고들 한다. '요즘 애들은 왜 저러나'라는 말은 고대 그리스 시대 문헌에도 나오는 내용이다. 즉, 동서고금을 막론하고 기성세대는 늘 청년들을 이해하려 하기보다는 본인들의 생각을 강요하려는 경향을 보였다. 청년을 나무라는 기성세대 역시 청년 시절이 있었고, 비슷한 이야기를 끊임없이 들어왔다는 것을 다시금 새겨봐야 한다.

청년들은 늘 열정적으로 그들만의 문화를 만들어냈고, 변화를 향한 열정을 그들의 방식으로 실현하였다. 기성세대의 잣대로 그들의 꿈을 재단해서는 안 된다. 리더십도 이에 맞게 변화하고 발전해야 한다. MZ세대는 향후 우리 사회의 중추 역할을 하게 될 세대다. 경력과 경험이 있는 세대는 그들의 열정을 더 빛나게 하고 성장할 수 있도록 가이드라인을 제시해 줘야 한다. 그 리더십이 어떤 것일지에 대한 고민 역시 필요하다.

그동안 영업 현장에서 치열하게 동고동락했던 전우들, 나의 강의가 누군가의 인생에 모멘텀이 될 수 있다는 신념으로 교육생과 만나는 네오아이즈 멤버들, 그리고 항상 변함없는 지지를 보내주는 사랑하는 나의 가족 효선, 정섭, 준휘에게 감사의 마음을 전한다.

2023년 여름부터 열심히 쓰다

Prologue 리더, 조직의 핵심이자 꽃   5

제1장 리더로서의 마인드 셋

나는 어떻게 리더가 되었는가?	14
리더는 어떤 역할을 수행하는가?	20
신임 리더로서 구성원에게 어떤 방향을 제시할 것인가?	28
리더로서의 나의 환경을 다시 점검 해보자	31
리더로서 나만의 전문(관심) 영역을 구축하라	36
화법의 변화로 구성원과 소통하기	42
보이스 트레이닝	48

제2장 우리 조직의 구성원들은 어떤 행동 유형으로 이루어졌을까? (DISC 이론)

소통에 대한 관점	54
Respect Differences	62
우수인재는 반드시 외향적인가?	69
MZ세대와의 소통과 이해하기	73
DISC(Dominance, Influence, Steadiness, Conscientiousness)	79
우리 구성원들은 어떤 행동 유형으로 이루어졌을까?	83
나는 어떤 행동 유형의 리더인가?	93
구성원이 회사를 떠나는 이유	98

제3장 성과 창출을 위한 전진

성과 창출에 대한 리더의 관점	102
성과 창출이 어려운 이유	108
목표와 목적의 구분	118
일의 목적을 찾아서	123
목표 달성과 KPI	132
주도적, 자율적 그리고 품위 있는 목표 수립의 철학	138
지속적인 성과를 내기 위해 : 성과 창출 방정식	144
성과 창출 포텐셜과 상향적 목표 수립	163
고객 유형별 맞춤 응대 & 생애 주기	166
지속적인 성과를 내기 위하여: 성과 창출 곡선	180
'현장의 소리'는 균형점을 가지고 경청하자	189
전쟁이 아닌 전투에서 승리하려면	194
역량 인증을 통한 우수인재 육성	199

제4장 PDCA

PDCA의 개념	204
내 인생의 경쟁력, PDCA	208
Plan: 성과 창출의 결정 시점 & 업무의 우선순위	214
Do: 실행력	223
Check: 문제 해결의 솔루션	225
Act: 플라이휠의 관점에서	228
PDCA에 대해 누구도 알려주지 않는 것	231
PDCA 작성 방법	234
인재 육성과 PDCA 코칭	238
벤치마킹이 실패하는 이유	241
Epilogue 리더십, 그 한 편의 깊은 바다	245

제1장

리더로서의 마인드 셋

나는 어떻게 리더가 되었는가?

나는 어떠한 강점으로 리더로 발탁 되었는지,
부족한 부분은 어떤것인지 정확하게 이해하는 것이 중요하다

필자의 첫 리더 발령은 강원도의 한 도시였다. 전자 유통 상가나 수도권에서의 유통 경험이 대부분 이었던 필자는, 새롭게 발령받은 곳에서 새로운 유통 환경과 처음 만나는 구성원, 그리고 처음 만나는 거래선과 업무를 시작해야 했다. 새로운 환경에 적응해야 하고 동시에 성과를 내야 한다는 부담감은 있었지만, 지방 도시의 유통망은 서울의 전자 유통 상가와 비교할 규모는 아니었다.

필자는 그동안의 경험을 토대로 신규 거래선을 확보하고 기존 거래선의 판매 역량을 높이는 데 집중하였다. 업무 초기에는 순조롭게 출발하는 듯 보였다. 초기 성과도 나쁘지 않았다. 하지만 얼

마 지나지 않아 새내기 리더의 의욕과 자신감 대비 부족한 디테일로 인해 구성원과의 소통에 이슈가 발생했다.

의사 결정 시 너무 자신감이 넘쳤던 나는, 구성원들과의 소통을 통해 '왜 이렇게 진행하는지'에 대한 사전 설명이 부족한 상태에서 일방적으로 결정된 사항을 전달했다. 겉으로 내색하지는 않았지만 구성원들의 불만이 쌓여가고 있었다. 회식 자리에서 용기(?) 있는 한 사원과의 대화 중 이러한 문제를 파악하게 되었다. 소통은 단순하게 정확한 의사 전달이 아닌 구성원들과 함께 공동의 방향성을 공유하기 위한 것임을 알 수 있는 소중한 경험이었다.

또 다른 난관은 새로운 거래선이나 업무 성과가 아닌 예상치 못한 곳에서 발생하였다. 주요 업무의 대부분은 본사에서 이메일로 전달하였는데, 개별 업무의 지점 담당자나 납기에 대한 기준이 명확히 제시되지 않아 업무 누락이 발생하였다. 새내기 리더인 나는 매일 아침 미팅을 통해 담당자를 선정하고, 내용을 전 직원과 공유하면서 업무 누락을 방지하고자 하였다. 이는 매우 단순하고 당연한 조치인 듯 보였으나, 실제 실행을 해보니 전달되는 업무의 양이 적지 않아 내용 공유와 담당자 선정, 처리 과정에 대한 사소한 의사 결정 등에 한 시간 이상이 소요되었다. 현장 조직에서 아침 시간은 매우 압축된 업무가 진행되는 시간대인데, 한 시간 이상을 업무 연락 공유에 할애하여 비효율이 발생하는 것은 당연한 결과였다.

새내기 리더의 의욕적인 아침 회의 진행은 현장과 맞지 않았고, 구성원들은 회의 시간 중 걸려 오는 전화를 받지 못하거나 업무 처리 타이밍을 놓치는 등 업무의 효율성이 떨어지기 시작했다. 모든 구성원은 나의 눈치를 보기 시작했다.

이에 담당자만 선정하여 업무 배분 하는 것을 중심으로 회의 시간을 30분 내로 줄이고 오전 업무에 집중할 수 있도록 조치하였다. 리더가 의욕적으로 결정한 조치를 한 달도 안 되어 철회하는 것에 고민이 있었지만, 결론적으로 매우 잘한 조치였다.

이 경험을 토대로 내가 잘하는 것과 하고 싶은 것의 차이를 명확히 구분하게 되었고, 리더의 결정이 조직에 미치는 영향에 대해 그리고 의사 결정의 번복이나 철회에 대해 많은 생각을 하게 되었다.

리더로 선임되는 구성원은 해당 조직에서 다년간 근무하여 해당 업무에 익숙할 뿐만 아니라, 역량까지 인정받은 경우가 일반적이다. 해당 조직의 구성원들 역시 대개 그렇게 생각하게 된다. 그 과정에선 눈에 띄지 않게 리더가 되기 위한 예비 수업, 즉 준비 기간을 가질 수도 있으며, 팀 내 구성원의 선임자로서 리더 역할을 간접적으로 체험하는 경우도 흔한 경우이다.

리더로 보임되기 전 마음의 준비가 되어있고, 리더가 되었을 때 어떤 방향과 방법으로 구성원을 이끌어갈지 구상하는 경우가 일반적이다. 그리고 많은 사람이 그렇게 생각한다.

조금 다른 경우도 있다.

기존 리더의 갖가지 사정으로 인한 갑작스러운 리더 공백 상황이 발생할 경우, 리더 대행을 맡게 되는 경우가 있다. 또는 조직에서 다소 예상치 못한 상황 발생으로 인해 TFT$^{Task Force Team}$가 구성되는 경우가 있다. 이럴 경우 연관된 팀의 구성원이나, 또 다른 팀의 리더가 TF 팀장, 즉 리더가 되는 경우가 있다. 그리고 드물기는 하지만, 한 구성원이 오랫동안 속해있던 팀이 아닌, 다른 팀으로 이동하면서 리더가 되기도 한다.

어떤 경우든 나 자신이 조직의 리더로 선임된 경우, 내가 리더로 선임된 이유가 무엇인지에 관해 스스로 질문해야 한다. 대다수의 경우, 조직이 리더로 선임하는 이유는 단순한 업무 능력이나 역할 수행 능력뿐만 아니라 특정 강점, 업무 분야에서의 뛰어난 역량, 또는 조직 내 의사소통 능력과 같은 측면을 감안하기 때문이다. 또한, 예기치 않은 중간 발령과 같은 상황에서는 현장에서 나 외에는 대안이 없는 상황인지, 아니면 새로운 프로젝트에서 나만이 특별한 경험과 능력을 갖추고 있는지도 생각해 봐야 한다. 내가 어떻게 리더가 되었는지에 대한 고찰은 나의 리더 역할 수행에 중요한 실마리를 제공한다. 조직이 나를 리더로 선임한 것은 나에 대한 기대를 내포하고 있기 때문이다.

그러나 때로는 구성원으로서 성과를 보이던 사람이 리더로 선임된 후 어려움을 겪는 경우도 있다. 이는 구성원과 리더의 본질적인 역할이 다르기 때문이다. 구성원으로서의 개인 역량이 뛰어난 것과 리더로서의 역할 수행은 별개의 개념이며, 리더로서의 역량으로 팀을 효과적으로 이끄는 것은 또 다른 도전 과제이다.

어쨌든 리더가 된 나는 그동안의 경험을 바탕으로 조직의 성과에 기여하고자 할 것이다. 그러나 개인적인 성향, 업무 분야에서의 나의 강점과 보완점, 그리고 구성원과의 소통 능력을 정확히 이해하는 것이 리더로서의 성공과 성장을 위한 필수조건이다. 나의 강점을 더욱 향상하고 개선해야 할 부분을 파악하며, 조직이 나에 대해 어떤 기대를 하고 있는지를 상위 리더와 적극적으로 소통하여 명확히 이해하는 것이 중요하다. 이것은 리더로서 해야 할 역할을 성공적으로 수행하기 위한 핵심 요소이다.

< 리더로서의 나의 강점과 보완점은? >

	강점	보완점
본인 관점	• • •	• • •
동료 관점	• • •	• • •
상사 관점	• • •	• • •

☑ 성공하는 리더는 기본적으로 업무 역량과 소통 역량을 갖추고 있는 상태에서 리더십을 발휘하여 조직의 성과에 기여한다.

☑ 리더로 발령받은 사람은 조직으로부터 어떤 강점을 인정받았는지를 인지함과 동시에, 자신의 부족한 부분이 무엇인지 알아야 한다. 그래야만 실수를 범하지 않고 조직을 이끌 수 있다. 새내기 리더의 검증되지 않은 의사결정이 조직을 리스크에 빠뜨리진 않더라도, 불편함에 빠지게 하는 실수는 흔하게 발생한다.

☑ 이 책을 읽는 리더는 처음부터 이런 실수를 범하지 않고
리더 생활을 시작했으면 좋겠다.

리더는 어떤 역할을 수행하는가?

:

리더는 구성원들의 강점을 극대화하고
보완할 점을 고려해 최대 성과를 창출해야 한다

리더가 하는 일은 무엇일까?

조직 리더로서의 기본 업무는 KPI(Key Performance Indicator) 달성을 통한 성과 창출, 팀이 부여받은 업무 수행의 연속성, 성과 창출을 위한 구성원과의 소통, 팀원 육성, 리스크 관리 등으로 다양하다.

리더의 업무를 병렬적으로 단순 나열하는 것은 '업무 지옥'에 빠질 우려가 있다. 그룹화한 후 각각의 업무가 별개가 아닌 '상호 보완적'인 관계임을 파악해야 한다. 이를 단순화하면 크게 4가지로 나눌 수 있다.

1) 기본 업무 : 근태 관리, 업무 배정 및 전사 업무 수행
2) KPI 관리 : 조직에 부여된 성과 목표의 달성
3) 팀원 육성관리
4) 리스크 관리

　업무 수행을 하다 보면 업무 목록은 전사 차원의 업무와 고객 관점의 수행 업무, 상품 교육 등 수십 가지에 이른다. 업무의 발제 주체가 본사의 스텝 부서라면 해당부서의 입장에서는 모두 중요한 업무이며, 우선순위를 매기기도 어렵다. 그렇다고 주어진 대로만 수행하다 보면 물리적 제약과 인적 한계에 당면하게 된다.

　따라서 스스로 업무 목록을 작성해 보고 위의 분류대로 핵심 업무를 나누고 핵심 업무를 수행하기 위한 지원 업무와의 상호 관계를 그려본 뒤 우선순위와 의사결정의 난이도를 검토해야 한다. 기본적인 근태관리나 업무 배정 등과 같은 리더 선임 즉시 의사결정해야 할 일에 대해서는 기본 원칙과 가이드가 무엇인지 빠르게 습득해야 한다.

　하지만 정작 리더가 된 초반에는 앞서 언급한 업무 수행에 어려움이 발생할 가능성이 크다. 조직 내에서 내가 최소한의 리스크 없이 수행해야 하는 것, 나의 강점이 포함되는 항목, 그리고 내가 하고 싶은 것 등을 다시 분류해 보고 실행의 우선순위를 정해야 한다.

조직에 따라 근태관리 같은 기본 업무를 우선시하는 경우도 많다. 급한 마음에 팀워크나 기본 업무 수행보다 '내가 하고 싶은 것'을 먼저 시행하려는 조급함은 자제하는 것이 좋다. 무엇보다 기본 업무와 '잘하는 것'을 우선 업무로 정하는 것이 바람직하다.

한편 의례적인 '기념일 챙기기' 같은 팀 이벤트에 너무 의존하는 것은 지양해야 한다. 사람은 예측하지 못한 것에 감동한다. 리더의 구성원 케어도 비슷하다. 예측하지 못한 리더의 배려에 구성원은 감동하게 되고, 팀워크가 좋아진다. 그리고 이러한 사례는 선배 리더에게서 많이 들었을 것이다. 하지만 우리가 간과하면 안 되는 것이 있다. 구성원을 지속해서 배려하고 지원하고자 하는 기저에서 나오는 이벤트는 효과가 있지만, 그런 과정 없이 이벤트에만 집착하면 형식적이고 의례적으로 될 것이기 때문이다. 그리고 구성원은 누구보다 잘 알고 있다. 진심이 담기지 않은 이벤트에 감동할 구성원은 없다. 본인이 구성원이었을 때를 생각해 보면 쉽게 그 이유를 알 수 있을 것이다.

내가 구성원일 때 리더의 어떤 모습이 답답하게 느껴졌는지 기억을 떠올려 보자. 과거 만났던 리더의 장점이 기억나는 경우는 의외로 적다. 그리고 좋은 기억으로 남은 리더의 모습도 내면의 고민 과정보다는 외면으로 나타나는 특정 의사결정 장면과 화법의 수준에 머무는 경우도 많다.

하지만 그것은 구성원일 때의 이야기이다. 리더가 되었다면 그동안 겪어왔던 리더들의 강점은 무엇이었는지를 차근차근 되새겨 보는 것이 중요하다. 그리고 구성원 시절 겪었던 리더들이 그들만의 어떤 강점으로 리더가 되었을지에 대해 생각 해보자. 또한 구성원일 때는 잘했던 그 사람이 왜 리더로서는 구성원의 지지를 받지 못했는지도 떠올려보자. 이 질문들에 대한 답을 찾아가는 과정은, 내가 신임 리더로서 초기에 잘 적응할 수 있는 실마리를 줄 수도 있다.

내가 리더가 되었으니, 모든 것이 잘 될 것이란 막연한 생각을 하고 있지는 않은지 생각해 보자. 그럴 리는 없다고 단언하지 말자. 자리가 사람을 만드는 것이고, 우리는 모두 불완전한 존재이다. '우물가에서 숭늉'을 찾으면 안 된다. 리더로서의 의미 있는 고민이 필요한 때이다.

현장의 소리는 늘 그 자체로 의미가 있다. 우리 조직의 구성원들은 리더들의 어떤 모습에 실망하고, 불신하고, 소위 '꼴불견'이라고 느꼈을까? 구성원들의 실제 목소리를 통해 확인하는 작업은 의미 있다. 표로 정리했다.

<리더의 답답했던 사례>

팀원이 경험했던 리더의 답답했던 행동
• 말로는 나를 챙겨주는 척하지만, 실제로는 방관 및 방치 • 구성원에게 내 험담을 함
• 주관적인 판단으로 평가하고 결정 (객관성 결여)
• 일방적인 명령 → 밀어붙이기 식
• 인신공격성 발언
• 본인의 감정을 컨트롤하지 못하고 표현하는 것
• 그때그때 다른 기준 → 직원에 따라 '되고, 안되고'가 다름   특정 직원에 대한 봐주기 의사결정
• 부하직원에 대한 고의적인 평가 절하
• 기분에 따라 같은 일에도 표현이 다르고 화를 냄
• 납득할 수 없는 일을 시키면서 감정이 섞임 → "그냥 해요!!", "내가 상사잖아!"
• 결정하고 지시한 내용을 추후에 번복 → "내가 언제 그랬어? 내가 말한 건 이게 아니잖아."
• 본인 업무는 제대로 하지 않으면서, 불만은 가장 많음 • 제대로 확인되지 않은 사실에 대해 쉽게 얘기함
• 업무와 상관없는 개인 사생활 침해   또는 너무 깊은 친밀감 강요하는 관계 형성

위의 사례를 보면 고유의 업무 자체에 대한 의견은 의외로 적다. 오히려 리더의 태도와 기본기에 대한 구성원의 불만이 크고 구체적이다. 위 내용은 초임 리더로서 무엇을 먼저 해야 하는지에 대해 상징하는 바가 크다.

대부분의 리더는 구성원과 같은 공간에서 활동한다. 소통이 부족한 조직의 경우 구성원들은 리더가 하는 일이 무엇인지 인지하기 쉽지 않다. 이럴 경우 '일은 모두 우리에게 맡기고 지시만 한다'라는 식의 본질과 어긋난 평가를 받는 경우도 있다.

또한 리더가 된 나도 리더 본연의 핵심 업무에 대한 고민보다는 외부로 드러나는 '직책'에 신경을 쓰는 경우가 없는지 살펴야 한다. 이를테면 의사결정 권한 행사나, 그에 따른 지시 방식 등으로 나타날 수 있는, 소위 '작은 권력'을 행사하는 권위적인 모습을 보이지는 않은지 특별히 유념해야 한다.

반대로 리더가 구성원의 눈치를 보는 경우도 생긴다. 나의 말에 귀 기울이지 않거나, 지시 사항을 그대로 이행하지 않거나 하는 등의 경우가 종종 있을 수 있다. 또는 그렇게 보일 수도 있다. 같은 구성원으로서 일할 때와는 다르게, 그런 점들은 의외로 눈에 자주 띄고, 마음에 남는 법이다. 하지만 그런 부분에 대해 너무 고민하지 말자. 대개는 구성원들이 리더와 친해지고 싶어서 나오는 행동일 경우가 많다. 나의 '권위'에 도전하는 것이 아니라 나와 더 가까이 소통하고 싶어 하는 그들의 표현 방식이다. 이 과정에서 다소 갈등이 생길 수 있으나, 이는 한 팀으로 일하고 성과를 내기 위해 반드시 거쳐야 할 과정이라고 생각해야 한다. 이 과정을 원만하게 해결하는 것이 리더가 해야 할 중요한 임무 중 하나이다.

이 지점에서 리더들의 목소리를 들어보자. 아래 정리한 표는 리더들이 구성원에 대해 느꼈던 답답함을 정리해 보았다.

<구성원의 답답했던 사례>

리더가 경험했던 구성원의 답답했던 행동

- 리더를 제외하고 구성원들끼리 그룹 형성
  → 본인이 리더 역할

- 눈치만 보며, 맡은 바 임무를 하지 않아 팀원에게 피해

- 말만 많고 실행력이 부족함

- 근거 없는 자신감

- 불성실, 거짓말

- 본인의 업무에 대해 무책임할 때

- 책임은 다하지 않고 권리만 주장
  "내가 이걸 왜 해야 해요?"

- "나는 아닌데", "내가 보기엔 ~~같은데"

- 기본 업무를 소홀히 하면서, 바쁜 척만 함

- 무슨 일을 할 때마다 불만을 이야기하는 동료

- 본인의 권리만 주장하며 항상 억울하다고 함
  → 정작 본인 할 일은 제대로 하지 않음

- 강자에게 약하고 약자에게 강한 사람 (험담하는 사람)

- 기회주의 → 성과는 내가 잘해서, 문제 발생은 '남 탓'

- 대안 제시 없는 불만 제기
- 업무와 상관없는 불만 제기

여기서 유념해야 할 것은 구성원의 답답한 모습을 단순히 피상적으로만 읽으면 안 된다는 것이다. '구성원이 왜 저럴까?'라는 '탓'보다는, 한 번 더 생각하고 구성원을 이해하려고 노력해야 한다. 구성원 내면의 소리에 집중해야 한다.

기본적으로 리더는 과거에 조직의 구성원으로 조직을 위해 열심히 일했고, 그 성과를 인정받아 리더가 된 것이다. 조직으로부터 역량과 태도 양면에 대해 모두 인정받은 것이다. 나만의 눈높이를 기준으로 삼아 구성원을 바라보면 안 된다. 리더 혼자 할 수 없는 것처럼, 구성원만으로 성과를 창출할 수 없다. 리더는 구성원들의 강점을 극대화하고 보완할 점을 고려해 최대 성과를 창출해야 한다. 그것이 리더의 역할이자 책임이다.

이상적인 구성원은 기본 역량을 갖추고 적극적이며, 동료와 협력하는 자세를 가지고 있다. 그러나 모든 구성원이 완벽할 수 없다. 리더는 '원석'을 다듬는다는 마음으로, 구성원들의 의견에 귀를 기울이고 개선점을 보완하기 위해 노력해야 한다. 하지만 이러한 노력에도 불구하고, 리더의 영역을 벗어난 불만이나 태도를 가진 구성원도 존재할 수 있다. 이에 대해서는 별도로 다룬다.

신임 리더로서 구성원에게 어떤 방향을 제시할 것인가?

신임 리더는 자신의 강점과 업무 상황을 파악하고
동시에 구성원과 함께 달성할 목표를 고민해야 한다

조직 내 리더로 선임된 후, 업무 파악과 초기 업무 준비 기간이 더욱 중요하다는 것을 깨닫게 된다. 실제 현장 업무는 바빠서 팀의 성장과 성과 달성을 위한 시간은 제한적이기 때문에, 초기 리더십 설정 기간은 '골든타임'이라고 할 수 있다. 따라서 초임 리더는 자신의 강점과 현재 업무 상황을 파악하면서 구성원과 함께 달성할 목표를 고민해야 한다.

리더로서 주어진 과제를 나의 강점을 기반으로 얼마나 성공적으로 수행할 수 있을지 예상해야 하며, 이를 조직 리더로서 어떻게 적용할지에 대한 계획을 수립해야 한다. 이 경우, 구성원이 따라 하기 힘든 나만의 강점 요소를 기반으로 목표를 설정하는 경우가 있는데, 이는 반드시 경계하고 구성원과 함께하기 쉬운 목표를 설정해야 한다.

리더 선임 직후인 초기 단계에서는 항목별로 무리 없이 수행할 수 있는 부분과 향후 역량을 개발해야 할 부분을 구분하고, 즉시 수행할 수 있는 부분이 구성원 역할과 리더 역할 사이에서 일관된 결과를 나타낼 수 있는지 확인해야 한다. 그리고 내부적으로 보완해야 할 부분이 있다면 조심스럽게 대응 방법을 모색하고 준비해야 한다.

외부에서 영입된 리더가 아닌 이상, 이미 구성원들은 신임 리더의 단점과 보완해야 할 점을 인지하고 있다. 이러한 상황에서 단점을 숨기지 않는 것이 중요하다. 단점을 인정하는 것이 개선의 시작 지점이다. 그러나 나의 단점을 개선하기 위해 갑작스레 입장과 태도를 바꾸는 것은 지양해야 한다. 나의 바뀐 행동 패턴이 오히려 구성원들에게 혼란을 줄 수 있기 때문이다. 또한 조직 운영에 리스크를 초래할 수 있는 것은 보완할 점이 아니라, '즉시 하지 말아야 할 일'이다. 예를 들면 '감정적인 표현(비속어)' 같은 것이 여기에 해당한다.

나의 단점과 보완점을 숨기지 않는다는 것은 무엇을 의미할까? 필자는 보완점을 개선하기 어려웠던 경험이 있다.

필자의 리더십 평가에는 업무영역에서는 큰 이슈가 없었으나 항상 '칭찬이 부족하다'라는 내용이 있었다. 이를 개선하기 위해 한동안 칭찬을 자주 하고, 열심히 해야겠다고 생각하고 노력했으나, 업무에 집중하다 보면 의지만으로는 쉽지 않았다. 이에 나는 단순한 의지만이 아닌 일정 계획을 통해 이를 보완 하였다. 예를 들어 '칭찬하기 행사', '주 단위 칭찬 인원 선발' 등과 같은 일정 계획으로 보완점을 개선하여 실행했다.

다만 리더의 에너지는 한정적이다. 따라서 나의 강점과 리더로서의 역량에 집중하고, 조직의 리스크 영역이 아닌 나의 보완점은 구성원들에게 모두 오픈한 채로 보완해 나가는 것도 하나의 전략이다.

리더로서의 나의 환경을 다시 점검해 보자

리더가 되면, 기존 업무영역에서는 새로운 실무 업무가
조직관리 측면에서는 새로운 소통 영역이 생긴다

리더 개인의 환경은?

현장 리더의 말과 행동은 자연스럽게 구성원들의 시선을 끌 수 있는데, 이때 강점보다는 단점이 더 눈에 띄게 마련이다. 솔선수범하는 태도는 당연한 것처럼 여겨질 수 있다. 그리고 나의 강점을 부각하는 것은, 리더의 '우쭐하는 모습'으로 보일 수도 있다. 또한, 나의 강점의 본질이 당시의 환경 '덕분에' 강점으로 '보이게 될' 오해가 발생할 수도 있다.

특히 근태나 언행과 같은 기본적인 부분에서 문제가 발생하면 절대 안 된다. 그렇게 되면 구성원들의 집중력이 흐트러질 수 있고 부정적인 영향이 더 커질 수 있다.

리더가 되는 순간, 기존 업무영역에서는 새로운 실무가, 조직관리 측면에서는 새로운 소통 영역이 생긴다. 어떤 부분은 경험이 있고 어떤 부분은 처음 시도해 보는 것일 수 있다. 불안해할 필요 없다. 이것은 리더로서 열린 새로운 업무의 시작이다. 그러나 나의 실패는 구성원들에게 치명적인 영향을 미칠 수 있음을 명심해야 한다. 나의 시행착오는 구성원에게 불편함과 사기 저하를 불러올 수 있다. 따라서 회사와 구성원 주변 환경을 하나씩 점검해야 한다.

우리 회사의 현재 위치와 지원 수준은 어떤가?

목표를 달성하려는 과정에서 구성원들은 전사 경쟁력이나 누적 고객 수와 같은 기존의 경쟁력에 따른 환경적 어려움을 호소할 수 있다. 월등한 경쟁력과 최적의 시장 환경을 가진 기업은 드물기 때문에 구성원들이 업무환경에 만족하기 어려울 수 있다.

구성원이 전사의 경쟁력을 긍정적으로 수용하고 업무에 집중하는 경우는 드물기 때문이다. 리더는 우리 회사가 경쟁사 대비 어느 정도 수준의 경쟁력을 가졌는지, 회사차원에서 강점인 분야는 무엇이고 보완해야 할 분야는 무엇인지를 파악해야 한다. 또한, 회사는 현재 수준에서 현장 조직의 지원 수준이 성장 단계 관점인지 성숙 단계 관점인지 등의 상관관계를 고려하여 파악하고, 고객 관점에서 개선하고 노력해야 하는 부분이 어떤 점인지도 구성원들과 소통하며 준비해야 한다.

리더는 회사의 강점, 약점, 경쟁 상황, 회사가 속한 업종의 성장 단계를 파악해야 한다. 이 정보를 알고 구성원들과 공유하고, 회사가 어디에 위치하고 있는지를 파악해야 한다. 이것은 향후 구성원과 발생할 수 있는 문제 해결의 솔루션이 된다.

회사의 방향은 무엇인가?

회사가 현재 시점에서 어떤 방향을 제시하고 있는지, 이전의 성과는 무엇이었고 우리 조직의 성과는 어떻게 되어야 하는지를 알아야 한다. 회사가 성장하는 업종이라면 성과 중심의 방향을 명확하게 해줄 것이고, 성장단계를 넘어 성숙 단계의 업종이라면 새로운 방향이나 신사업, 고객 관리 고도화 등에 좀 더 방점을 두고 방향성을 제시할 것이다.

이 방향은 상승세인지 안정세인지, 구성원들이 경험한 어려움은 무엇인지 등을 고려해야 한다. 이러한 방향성에 따라 현장 리더는 구성원들과의 소통의 방향성을 정하게 되고 어떠한 점을 판단할지 고려하게 된다.

회사의 주요 프로젝트를 담당하는 팀이라면, 리더는 자원이 효율적으로 사용되고 단계별로 문제가 없는지를 분석하고 파악해야 한다. 성과를 내기에 위한 충분한 훈련 조건과 지원 여부도 중요하다. 목표를 달성하지 못해도 재도전할 수 있는 여지가 있어야 한다. 회사가 목표를 달성하는 것이 성장을 위한 것인지, 존립을 위한 것인지 등도 주요한 판단 요소가 될 수 있다.

소통 여건은 원활한가?

먼저, 상위 리더 및 상급 부서와의 소통 여건은 원활한가? 소통 방식이 본사 중심인지, 현장 중심인지 파악해 보자. 그리고 본인이 눈앞에 보이는 업무에만 매달리는 '정보의 섬'에 갇힌 것은 아닌지, '정보의 도로'에 놓여 있는지 냉철하게 점검하자. 또한 정확한 소통 경로를 파악해서 그 정보의 흐름을 유지하는 것이 핵심이다.

다음으로, 조직의 구성원들과의 소통 방법을 점검해 보자.
구성원들은 원칙적인 대답을 하는 경향이 있다. 리더는 나의 의견이 무시된다고 느껴질 수도 있지만, 이에 대해 불편함을 느끼기 전에 구성원과의 소통을 통해 적절한 개선 대책을 제시하는 것이 중요하다. 이런 과정 자체를 문제해결의 솔루션을 찾아가는 과정으로 인식해야 한다.

마지막으로, 보고의 중요성이다. 조직 내에서 보고는 단순히 일상적 업무보고 형식 등의 통제 수단이 아니다. 이는 상위부서 및 협력 부서와의 유기적인 활동을 가능하게 하는 것이다. 정상 업무 범위를 벗어날 때는 어떻게 조치할 것인지를 결정해야 한다. 나만의 판단으로 조치하고 넘어갈 것인지, 즉시 상위부서에 조치하고 보고할 것인지, 또는 보고 이후 조치 사항을 수행할 것인지 등 여러 상황에 놓이게 된다. 수많은 업무 추진과 관련하여 보고 수준 영역을 가이드로 정해놓은 조직은 많지 않다.

회사의 리스크 요인을 제외하면, 리더의 판단에 조직 성패의 상당 부분이 달려있다. 단위 조직 내에서 정상 범위 외의 일을 혼자 수습하려다가 일이 커지는 경우도 다반사다. 리더로 선임된 초기에는 일일 및 주간 등 일정을 스스로 정리해 두고 적극적인 팀 상황 보고를 통해 업무 외적인 조력을 받는 것도 필요하다.

> ✅ 전체 조직의 한 부분을 담당하는 리더로서, 회사가 속한 상황에 대해 정확하게 파악하자.
>
> ✅ 그래서 내가 할 수 있는 영역과 하기 어려운 영역을 구분해 구성원과 소통하는 것이 중요하다. 나만의 의욕으로 돈키호테형 리더가 되어서는 곤란하다.

리더로서
나만의 전문(관심) 영역을 구축하라

:

전문 (관심) 영역을 탐구함으로써 얻는 인사이트는
팀원일 때의 그것과는 차원이 다르다

영업단장시절 부문장님이 보내주셔서 읽게 된 『회사의 목적은 이익이 아니다』라는 도서는 나의 관심 분야에 적극적인 활동성을 부여한 책이다. 해당 책 제목처럼, 상식적이지 않은 제목이 주는 생경함에 애초에 나의 필독 우선순위는 아니었지만 부문장님이 보내주신 도서라 약간의 의무감(?)으로 펼쳐본 이 책은 단 한 번 만에 완독할 정도로 유익한 내용이었고, 이 책의 저자를 직접 만나고 싶다는 생각이 들 정도로 나의 공감을 불러 일으켰다. 개인적으로 그가 운영하는 매장이 실제로 어떻게 운영되는지 눈으로 확인하고 싶었다. 단순한 공감에서 호기심으로 그리고 확인하고 싶은 관심으로 스케일이 커지면서 나는 저자가 운영하는 회사와 매장을 개인적으로 방문하기 위한 스케줄을 알아보기도 했다. 하지만 실무적인 여건으로 더 이상의 진전을 보지 못했을 때, 운이 좋게도 회사의 일본 연수 기회로 해당 업체 방문하여 저자인 요코타 히데키 회장을 만나 그의 철학을 들을 기회가 생겼다.

직접 회사와 매장을 방문하고 간담회를 통해 알게 된, 단기 이익보다는 사람이 중심인 남다른 철학과 경영관을 가진 요코타 히데키 회장의 성공 사례는 나에게 많은 영향을 주었다. 한 권의 책이 개인에게 영향을 줄 수 있지만, 저자를 직접 만나보고 싶다는 수준의 동기가 실현되어 그것을 준비하는 과정은 자체로서 나의 에너지를 넘치게 하였다.

나는 저자와의 대화 중 당신의 영향을 받아 동일하게 적용하여 성공한 사례가 있는지와 벤치마킹도 가능할 만한 사례가 있는지 물어봤고, 요코타 히데키 회장은 한국에도 비슷하게 시도하고 있는 업체가 있다고 답했다.
이에 벤치마킹으로 성공한 사례가 실제로는 많지 않다는 것을 알면서도 어떻게 벤치마킹하고 적용하는지 궁금했다.

해당 업체는 대구에 소재한 자동차 판매 회사인데, 나는 한국으로 돌아와 해당 회사에 메일을 보내 인터뷰와 방문을 요청했다. 그러나 해당 회사는 개인적인 형태의 방문과 인터뷰에 대해 진행한 사례가 없다는 이유로 완곡하게 거절했다. 하지만 나는 요코타 히데키회장을 만난 얘기와 사람 관점의 경영에 대한 나의 관심을 진심을 담아 다시 요청했다. 결과적으로 방문은 허락되었고, 직접 매장을 방문해 대표님과 직원들을 만날 수 있었다. 물론 벤치마킹이 성공한 현장을 경험할 수도 있었다. 공간과 시간은 다르지만, 같은 생각을 가진 사람들과의 대화는 언제나 행복하고 즐겁다. 일의 연장선이지만, 결코 일의 영역만으로 분류하기 어려운 지점이다.

유통 채널이 주요 업무영역이다 보니, 선진화된 유통 채널은 어떤 모습일지 평소에도 관심이 많았다. 1년에 한 번 정도는 연수일정이나 개인 시간을 내서라도 국내외 선진 유통 모습들을 벤치마킹하기 위해 노력했다. 기억에 남은 업체 중 하나가 일본의 복합유통 업체 <츠타야, TSUTAYA >이다.

책, 비디오, CD 등의 렌탈 체인점으로 시작한 츠타야는, 단순하게 물건 판매하는 매장이 아닌, 고객 관점의 관심 영역과 연관된 배치와 전문 상담사와의 상담을 통한 고객 니즈를 충족시키는 복합개념의 유통 채널이다. 이러한 개념을 최초로 적용한 매장이 '다이칸야마'의 츠타야이며, 각 지역의 특성을 최대한 살려 '긴자' 츠타야는 예술 관점에서, '후타코타마가와' 츠타야는 라이프스타일을 파는 가전 판매 중심으로 획일적이지 않은 유통 채널의 모습을 보여주고 있었다.

나의 역발상적 관심은 여기에서도 나타났다. 고객 관점의 다양성을 받아내는 매장별 특성화는 매우 흥미롭고 의미 있었는데, 그렇다면 현재 츠타야 1호점의 모습은 어떠할지 궁금해졌다. 나의 단순한 예상은 '동일한 컨셉을 적용하여 새로운 주제로 리뉴얼해 1호점을 강조하지 않을까'라는 것이었다. 도쿄의 1호점을 찾아갔다. 그러나 츠타야 1호점의 모습은 나의 예상과 완전히 달랐다. 이미 사라진 DVD 시리즈물을 아직도 진열하고 대여하고 있었다. 매장 안 분위기는 처음 개장했을 때와 동일하게, 깔끔한 대형 DVD 대여점 모습을 유지하고 있었다.

몇 군데 점을 추가로 방문하였고, 획일적이지 않지만 과거와 미래가 병존하는 유통 채널에 대한 인사이트를 얻게 되었다. 이후 한국에 돌아와 단지 새로운 것뿐만 아니라, 과거 방식 중 고객에게 큰 효과가 있었으나 획일적인 개선으로 사라진 의미 있는 활동과 방식을 현재에 반영할 인사이트가 무엇인지 생각하는 계기가 되었다.

나만의 관심 전문 영역을 구축한다는 것은, 신임 리더에게 조금은 이른 얘기처럼 보일 수 있지만, 반대로 리더 초기부터 준비해야 하는 것 중 하나이다. 자신의 업무적 연관성과 관련 있는 나의 관심사, 그리고 리더가 아닌 전문가로서 성장할 수 있는 영역을 정해서 나의 관심 영역과 전문 영역을 구축해야 한다.

당신이 만약 판매 현장의 리더라면, 접점 인력의 고객 응대 관점에서 고객의 유형별 응대 패턴을 심리적 관점에서 연구한다든지, 고객 관리 고도화에 대한 주제 등에 대해 다양한 방식으로 연구할 수 있을 것이다. 최근 온라인 정보가 넘쳐나지만, 필자는 온라인을 통한 정보 수집 후 오프라인을 통한 만남과 방문을 권한다.

전문 영역을 탐구함으로써 얻는 인사이트는 팀원일 때의 그것과는 차원이 다르다. 팀원과는 차원이 다른 업무 경험을 통해 같은 정보를 취득해도 그 정보를 체득화하는 과정에서 훨씬 깊이 있고, 넓은 범위에 적용할 수 있는 경력이 쌓였기 때문이다.

먼저 관련 전문가 및 현장 담당자를 만나 도움이 되는 정보를 얻을 수 있다. 특히 에너지 소진이 많은 리더에게는 새로운 사람들과의 만남과 정보교환을 통해 나의 에너지를 보강할 수 있는 기회다. 또한 각종 저널이나 행사 등을 통해 전문 분야의 연구를 철저히 하자. 향후 구성원과 소통 시 많은 도움이 될 것이다.

이 경우 관심 영역의 전문가를 만나 나의 내적 에너지가 높아지는 경우도 있지만, 전문가를 만나기 위한 과정 자체가 나의 내적 에너지를 높일 수도 있다. 필자는 『회사의 목적은 이익이 아니다』 필자를 만나기 전날, 그를 만난다는 설렘과 긴장감에 밤새 그의 책을 다시 읽고 요약정리를 해가면서 나의 관심 영역과 공감되는 그의 철학에 대해서 생각하며 다음 날의 미팅을 준비했다.

단순히 인사이트의 향상뿐만 아니라 나의 에너지를 지속해서 충전시키는 역할과 함께 구성원과 소통 시 구체적인 사례를 들어 소통함으로써 소통의 질이 한층 높아질 것이다. 또한 구성원에게 업무 연관 정보를 제공해 구성원과의 신뢰 관계를 구축할 수 있다.

한편 나의 전문 영역을 정할 시, 한두 개의 연구 관점도 있지만 확신이 가는 분야가 없다면 한 달에 한 번씩 '○○한 사람 만나기', '한 달에 한 번 세미나 및 발표회 참석하기' 등의 활동 계획을 세우고 하나씩 참여하는 것으로 시작해도 좋다.

화법의 변화로 구성원과 소통하기

:

돈트^{Don't}보다는 두^{Do}의 화법을 써야 한다

직장인들의 일반적인 대화는 주로 직장 상사의 답답함이 주제가 되는 경우가 많다. 그중에서도 "00팀장은 도대체 무슨 말을 하는지 모르겠어, 주제가 없어 주제가." 또는 "한참 동안 얘기를 하는데 무엇을 하라는지 정리가 안 돼." 등의 대화에서는 핵심 내용이 무엇인지 답답해하며 이해하기 어려워하는 경우도 많다.

개인마다 화법 스타일은 제각각일 수밖에 없지만, 리더는 적어도 전달하고자 하는 내용의 핵심을 정확하게 전달하는 것이 기본 역량에 속한다. '면대면' 소통이 주로 이루어지는 현장 리더의 경우, 업무 내용 자체의 전달은 큰 문제가 없을 것이다. 다만, 최근은

비대면 의사소통도 많아지고 있고 업무 환경도 다양하여 모든 의사결정에 예외 상황이 발생하며, 이를 처리하는 의사결정 방식과 화법 스타일에 따라 혼선이 발생되는 경우가 많다.

명확한 의사결정과 지시를 바라는 구성원과 예외 상황에 따른 의사결정의 세부 사항을 조정해야 하는 리더의 입장에서 보면, 단순히 의사결정을 전달하는 것보다도 상황 공유를 전제로 한 소통이 필요하다. 리더의 화법이 중요한 이유이다.

일반적으로 '화법'이라고 하면, 직무 교육과정에서는 쿠션 화법, 아론슨 화법 등으로 일컬어지는 것을 의미한다. 그러나 여기에서는 다루는 내용은 리더 업무 수행을 위해 일상적으로 사용되는 화법의 패턴을 필자 나름대로 정리한 것이다.

나는 평소에 어떤 화법을 구사하고 있는가? 긍정 화법인가? 또는 두괄식인가, 미괄식인가? 그리고 키워드 중심의 짧은 화법인가, 아니면 부연과 설명 중심의 풀어내는 화법인가? 이미 습관으로 굳어진 나만의 화법을 완벽하게 바꿀 수는 없지만, 적어도 리더로서 성공적인 수행을 위해 '리더의 바람직한 화법'이 무엇인지, '나의 강점을 살린 화법'은 무엇인지에 대해 분석하고 보완할 필요가 있다.

돈트Don't 보다는 두Do의 화법을 써야 한다.

조직의 리더로서 중요한 화법 중 하나이다.

'돈트' 화법은 말 그대로 '00 하지 말라' 식의 업무 소통 형태이다. 큰 회사 조직의 경우 리스크 제거 측면이나 전사 업무 일원화 관점에서 주로 사용되는 경우가 많다. 근태 관리나 개인정보보호, 조직 내 폭언 방지 등의 분야에서 특히 많이 쓰인다.

리더 입장에서는 조직 리스크를 관리해야 하므로 하향적 지시로 일관하게 되고, 결론적으로 구성원은 수동적이고 소극적 태도를 가지게 된다. 개인의 창의성이나 자발성이 개입될 여지는 없다. 부정적인 표현보다 긍정적인 표현이 구성원이나 개인의 자발성과 적극성을 가지게 한다는 것은 누구나 알고 있다.

하지만 사소한 생각의 변화를 실천으로 옮기는 리더는 많지 않다. 이것은 고민보다 실천과 행동의 분야이다. 지금 이 책을 읽는 당신이 속한 업무환경에서 부정적 언어를 찾아보고 긍정적인 '두'의 화법으로 고쳐 보자.

- **지각하지 말자:** 업무시간에 여유를 가지고 임할 수 있도록 출근하자
- **고객 클레임 방지 활동:** 고객의 인정을 받기 위한 활동
- **폭언 없는 조직문화 활동:** 구성원을 상호 존중하는 활동

< Don't를 Do로 바꾸는 사례 적어보기 >

	Don't 사례	Do로 바꾸어 보기
구성원과 업무수행시	• • •	→ • → • → •
고객과 업무수행시	• • •	→ • → • → •

리더 본인이 회의나 미팅 시 '돈트' 화법 측면에서 나의 화법을 직접 적어보고 달리 바꿔 전달하려는 훈련을 병행한다면, 반드시 좋은 결과가 있을 것이고 이러한 활동 자체가 구성원의 신뢰를 얻을 수 있다.

'돈트'를 강조하면 구성원은 수동적 태도를 가지게 된다. 반대로 '두'의 화법을 쓰면 스스로 생각하게 되고, 주도적인 자세로 임무를 수행하게 될 가능성이 커진다.

두괄식 화법과 미괄식 화법의 활용

두괄식 화법은 말 그대로 전달하고자 하는 주제나 결론을 먼저 얘기하고, 이후에 부연 설명을 하는 방식이고, 미괄식 화법은 서두에 상황과 배경을 설명하고 주제나 결론을 마지막에 정리하는 방식이다.

어느 것이 옳다거나 효과적이라기보다는 대화의 상대나 사전 교감 상황에 따라 선택한다. 필자의 경우 내부 조직에서 구성원들과 소통 시에는 두괄식 화법을 선호했고, 파트너사와 대화 시에는 미괄식 화법을 주로 쓴다. 내부 조직의 경우 아무래도 목적을 먼저 명확하게 하고, 혼선을 방지하게 하기 위해 전달하고자 하는 내용을 이어서 설명해 왜 해야 하는지, 어떤 의미인지를 설명하는 방식을 취했다. 대부분의 경우 회사의 큰 방향성에 대한 공감이 이루어진 경우가 많아서 두괄식 화법이 효과적이었다.

하지만 최근 경향은 조직문화에도 많은 변화가 있어, 단순히 두괄식으로 전달하는 것이 일방적으로 지시하는 것으로 오해를 사는 경우도 있다. 특히 MZ세대의 경우 상황 설명에 대한 충분한 공감 이후에 결론을 얘기하는 것이 필요한 경우가 많아지고 있다. 즉, 어느 하나를 고집하기보다는 상황에 맞게 활용하는 것이 필요하다.

필자의 경우 파트너사에 대한 전달 업무에서는 동기 유발과 자발성을 유도하기 위해 좀 더 정성스러운 배경 설명과 사례를 많이 활용하였다. 회사의 담당자로서 업무를 단순히 전달하는 것이 아니라 왜 이것을 실행하는지, 그리고 어떤 효과가 얻어지는지 등을 차근차근 설명하고 수시로 동의를 받으며, 궁금한 점은 최대한 자세히 설명하면서 대화를 이어 나갔다. 또한 파트너사의 의견이 있으면 경청하고, 수용할 수 있는 경우에는 최대한 반영하는 과정을 거쳤다. 물론 수용하기 어려운 요구 조건은 불가능함을 정확히 알려주어 사후에 발생할 수 있는 오해도 최대한 제거하였다.

내부 직원들은 추후라도 부족한 점에 대해 의견 개진과 소통이 가능하지만, 파트너사의 경우 물리적 여건이 상대적으로 제한적이기 때문에 정확한 의사 전달과 확인이 필수 요소이다. 리더가 된 당신은 이미 나름의 화법을 가지고 있을 것이다. 위 두 가지 관점에서 본인의 화법을 분석해 보고 차근차근 개선할 준비를 하면 좋을 것이다.

그리고 마지막으로 화법으로 언급할 가치도 없지만, 무의미하게 내용을 반복하는 습관이나 감정에 자주 휘둘리는 상황, 비속어의 사용, 특정인을 염두에 두거나 비교하는 말투를 사용한다면 즉시 개선해야 한다.

보이스 트레이닝 Voice Training

:

**보이스 영역의 장애가 발생하면 메시지 전달 시
큰 맥락은 전달할 수 있지만, 추상적으로 변질될 가능성이 높다**

 필자의 업무 경험 중 드러내지 못하고 고민했던 영역이 있었는데 업무추진의 난이도나 팀워크 같은 고유 업무 영역은 아니었다. 업무적인 고민이 아니니 크게 어려울 것이 없다고 생각했는데 의외로 시간도 오래 걸리고 문제를 확인하는 절차도 쉽지 않았다. 그것은 다름 아닌 상사와의 소통 시 상사의 메시지, 더 정확히는 '말'을 이해하기 어려운 상황이 종종 발생하는 것이다.
 회의나 대화 내용이 어려운 것을 이야기하는 것이 아니다. 전체적인 내용은 비교적 정확하게 이해할 수 있었지만, 발언자의 언어 습관에 따라 특정 음절이나 단어가 명확하게 전달되지 않는 것, 혹은 발언 속도가 너무 빨라 발언 내내 집중력을 발휘해야 하는 상황

등이다.

발언자의 말 하는 스타일에 따라 길게 풀어서 이야기하는 유형이나 짧게 이야기하는 경우가 있다. 길게 풀어서 이야기하는 경우 주제를 벗어나 주제를 재확인해야 하는 경우가 있는가 하면, 말하는 속도가 빨라서 단어의 의미를 놓치는 순간이 종종 발생한다.

그리고 개인별 구강 구조의 문제 또는 습관의 이유로 발음이 명확하지 않은 경우도 있다. 발음이 명확하지 않은 것은 전체 내용의 문제는 아니지만 특정한 부분, 예를 들어 끝말을 흐린다거나, 특정 음절 등에서 본인만의 발음 습관을 가지는 경우이다. 개별적으로 대화를 하는 상황이면 정중하게 다시 확인하는 것이 가능하지만, 많은 인원이 참여하는 회의, 또는 한 시간 이상 진행되는 회의의 경우에는 많은 내용이 오가기 때문에 단어 하나하나까지 실시간으로 확인하기가 어렵다. 전체적인 맥락은 이해했지만 구체적인 부분에서 확실하게 이해하지도 못한 상황이 발생하니, 하부 조직에 메시지를 전달하는 리더 입장에서는 명확한 메시지 구성에 어려움을 겪을 수도 있다.

이 경우 동일 회의 참여자에게 확인하는 방법으로 보완하는 것이 대부분인데, 이 과정을 통해 개인만 그렇게 느낀 것이 아니라 그 회의 참여자 대부분이 특정인의 습관에 대해 같은 문제를 느끼고 있다는 것을 알게 될 수도 있다.

얼마 전 예전 팀원들과의 친목모임에서 적잖이 당황한 상황이 있었다. 평소 내 성격이 급하고 말의 속도가 빠른 것은 알고 있었고, 위에서 언급한 대로 보이스 측면에서도 우수한 리더는 아니라고 생각하고 있었다. 그런데 마치 '비밀 유통기한'이 해제된 것처럼, 예전 팀원들이 알려준 나의 보이스 역량의 부족함은 생각했던 것보다 심각했다. 내 보이스 전달이 어떤 상황에서는 해석하기 어려울 정도로 빠른 템포를 보여준다는 것이었다. 그때마다 구성원들은 내용을 파악하기 위해 서로 상의(?)했다는 것이었다. 생각보다 부끄러운 기억을 그들에게 남겼던 것이다.

그날 느낀 것은, 보이스 영역은 누구에게나 예외일 수 없으며, 상황에 따라 어려움에 직면할 수 있다는 것이다. 동일한 상황에서라면 좀 더 매력적인 보이스로 구성원들에게 어필하는 것이 얼마나 멋진 광경이었겠는가.

구성원의 조직에서의 불편함을 정리하다 보면, 의외로 리더의 보이스 영역에 답답함을 느끼는 경우가 적지 않다. 정작 본인은 그러한 점을 간과하기 쉽고, 알고 있어도 특별히 보완할 필요성을 느끼지 못하거나, 느껴도 마땅히 전문 훈련 기관을 찾기도 쉽지 않다.

소통의 어려움은 단순히 내용을 서로 전달하는 것이 아닌 앞뒤 맥락의 부분까지 같이 이루어져야 한다. 보이스 영역의 장애가 발생하면 상대방은 본능적으로 확인이 어려운 부분은 제외하고 소통하려 할 것이고, 큰 맥락은 전달되지만, 추상적으로 변질될 가능성이 높다.

리더가 되면 먼저 본인의 보이스 특징을 파악하는 것이 중요하다. 상대방 혹은 구성원 입장에서 본인의 보이스를 어떻게 느끼는지 최대한 객관적으로 확인하고, 말의 속도나 특정 단어 발음 습관이 있다면 일주일에 한두 번, 10분에서 20분 정도 시간을 투자해 연습하기를 권한다. 또한 구성원에게 나의 노력을 있는 그대로 공개하고 나의 평소 보이스 습관이 계속되는지에 대한 모니터링을 부탁하는 것도 좋은 방법이다. 이런 방식은 구성원에게 리더 자신의 단점을 노출하는 것이기도 하지만, 이런 노력의 모습은 구성원이 리더에 대한 신뢰를 돈독히 하는 효과도 기대할 수 있다.

리더는 본인의 강점을 최대한 살리되 약점은 보완하고 개선해야 한다. 하지만 약점을 보완하고 개선하는 것이 어느 정도 수준까지 가능할 것인지는 다른 문제이다.

한정된 시간에서는 보완점의 개선 수준을 평균 이상으로 올리는 데에 우선순위를 두어서는 안 된다. 오히려 강점을 개발하는 데 더 집중하는 것이 효과적이다.

제 2장

우리 조직의 구성원들은
어떤 행동 유형으로 이루어졌을까?
(DISC 이론)

소통에 대한 관점

:

리더가 존재하는 이유는 강과 바다가 만나는 지점이 있기 때문이다

　강과 바다가 만나는 곳은 두 갈래의 물이 자연스럽게 섞이기보다는 격랑을 일으키는 경우가 더 많다. 우리 인생사도 그렇고, 조직의 운영도 그렇다. 예상치 못한 상황을 맞는 경우가 일상다반사다. 리더는 바로 이 지점에 있다.

　소통에 대한 리더의 관점을 정리하다가 생각난 비유가 '강과 바다가 만나는 지점'이다. 리더라는 직책은 구성원에게 회사의 입장을 이해시킴과 동시에 주어진 미션을 달성하여 성과에 기여해야 하고, 구성원과 현장의 상황을 회사에 전달하여 회사가 제대로 된 정책적 판단을 할 수 있는 실마리를 제공해야 한다. 하지만 현장 상황은 단순하지 않다.

　회사의 의사결정이 매번 현장의 호응을 받는 것은 아니고, 현장의 건의가 매번 회사에 수용되는 것도 아니다. 부족한 자원에 따른 현장의 해결 요청, 촉박한 일정에 대한 답답함, 아무리 건의해도 나아지지 않은 환경, 리더 자신도 감당하기 어려운 여러 가지 상황들이 존재한다.

　역설적으로 이것이 현장 리더가 존재하는 이유이다.

　리더는 성과 창출을 위해 조직으로부터 부여받은 미션을 성공적으로 수행함과 동시에 구성원의 열정을 끌어내 역량을 키우고 발휘할 수 있게 해야 한다. 이를 기반으로 성과 창출을 이뤄야 한다. 두 가지가 조화롭게 융화되어 목적을 달성할 수 있으면 가장 좋지만, 서로의 요구가 상충하는 사안으로 어려움을 겪는 경우가 더 많다. 회사에서 주어진 목적 달성만을 위해 구성원에게 일방적으로 강요할 수도 없고, 구성원의 니즈만으로 조직을 운영할 수도 없다. 리더는 이러한 중간 지점에서 균형감과 통찰력을 가지고 소통하며 조직을 리드해야 한다. 그래서 소통은 어렵다. 리더의 소통은 경청이라는 덕목으로만 해결할 수 있는 것이 아니다. 또한 뛰어난 화법이나 몇 가지 관련 팁으로 해결할 수 있는 것도 아니란 것을 인식해야 한다. 조직은 생물과 같아서 오늘 소통이 원활한 조직이 한두 가지의 사소한 이유로 내일 바로 불통의 조직이 되기도 한다.

리더의 소통을 구성원과 원만하게 대화하고 그들의 니즈를 잘 이해하며, 이에 회사의 방침을 효과적으로 전달하는 것을 의미하는 것으로 이해하는 경우가 있다. 이것은 단지 일차적 소통일 뿐이다. 또한 업무 진행과 별개로 조직 내 구성원(혹은 계층별)들과의 간담회나 1:1 면담 등을 통한 소통 방식을 주요한 것으로 생각하는 경우도 왕왕 있다. 이러한 활동 역시 소통에 도움이 되긴 하지만, 중요한 것은 업무 수행을 위한 핵심 요소로 소통의 본질을 이해해야 한다. 우리 조직만의 특성이 반영된 소통 역량을 가지려는 진지한 태도가 필요하다.

이 글을 모든 소통을 위한 솔루션이라기보다는 필자의 경험을 바탕으로 한 필자만의 소통 관점이란 점을 전제하고 이해해 주기를 바란다. 필자의 경험을 바탕으로 '나만의 소통 역량을 어떻게 갖출 것인지'에 대해 탐구하는 마음으로 읽어준다면 더 나은 '나만의 소통 역량'을 키울 수 있을 것이라 자신한다.

리더는 독립적인 자체 조직으로 존재하지 않는다. 개인사업자의 대표라 하더라도 본인 조직과 상호 관계에 있는 조직과의 소통에 항상 노출되어 있고 소통이 부족한 순간 기회비용의 증가나 잠재적인 리스크에 놓일 수밖에 없다. 여기에 설명하는 내용도 필자의 의견일 뿐, 리더 스스로 속한 조직의 환경을 이해하고 나만의 소통 방법을 찾아나가야 한다. 급한 마음보다는 소통의 본질을 이해하고 꾸준히 해결하려는 자세가 중요하다.

여기에서 소통은 원활하게 성과를 내기 위해 조직의 이슈를 목적에 부합하게 구성원에게 전달하는 것이다. 조직 내 협업 부서와의 원활한 소통을 통해 우리 조직의 긍정적인 응원을 끌어내는 것이다.

구성원과의 원활한 소통을 위해서는 니즈를 정확히 파악하고 분류하여, 성과 창출에 기여하는 '굿 보이스'를 발굴하는 것이다. 구성원이 불필요한 정보에 대한 오해로 어려움을 겪지 않도록 하는 것이다. 성과 창출에 도움이 안 되는 왜곡된 의견 방지를 위한 방법을 코칭 하는 관점에서 필자의 의견을 서술하려고 한다.

소통 관련하여 제시하는 두 가지 관점은 균형적인 관점과 대표이사의 관점이다.

균형적인 관점

업무 수행과 관련해서 상하위로부터 끊임없는 정보와 의견을 접한 뒤 그것을 분석하고 판단하여 실행해야 한다. 대개의 경우 이메일 형식으로 업무 수행 단위의 가이드나 실행 내용이 전달되기는 하나, 실행 환경은 수시로 바뀌기 마련이고 SNS를 통해서도 끊임없이 내용이 전달되는 것이 현실이다. 그리고 현장으로부터는 고객의 다양한 요구가 빗발친다. 구성원은 실행환경에 따라 각종 어려움과 애로사항을 호소한다. 리더는 '6차로 교차로'에선 교통경찰과 같다.

접수된 정보 중 즉시 반영해야 할 것과 추후 반영할 것을 구분해야 한다. 접수되는 정보의 중요성이나 실효성을 기준으로 분류하고 처리할 수 있는 능력이 필요하다. 그것을 위해 가장 중요한 것은 균형적인 시각이다.

소통은 단순히 정보나 내용의 정확한 전달이 아니라, 조직 운영 관점에서의 우선순위로 재분류되고, 내용의 앞뒤 맥락이 정확하게 전달됨으로써 수시로 변하는 상황 변화에도 혼란을 최소화하는 관점이다.

대표이사의 관점

소통은 단순히 정보의 정확한 전달에 그치지 않고, 균형적인 시각을 통해 본질의 훼손을 최소화하는 것임을 언급하였다. 하지만 이러한 소통 과정 중에 현장에서는 끊임없는 궁금증과 애로사항을 리더에게 호소할 것이다.

또한 리더의 업무는 작은 것부터 큰 것까지 끊임없는 의사결정의 연속이며, 때로는 결정을 하루 만에 번복해야 하는 상황도 자주 발생한다. 최초의 의사결정도 중요하지만, 결정된 사항을 변화하는 상황에 따라 번복하거나 수정해야 한다. 구성원이 이해하기 쉬운 내용이면 좋겠지만, 대부분의 경우 한두 번이 넘어가면 구성원들의 답답함이나 불만에 직면하게 된다. 그렇기 때문에 있는 그대로 단순히 전달해서는 안 된다. 구성원들이 의사결정 변경의 상황과 이유를 충분히 이해할 수 있도록 설명해야 한다.

또한 매 순간 상위 리더에게 문의하며 결정할 수도 없다. 상위 부서로부터 전달되는 내용이 현장에 전달될 때 현장의 상황과 다르거나, 촉박한 일정 아래 시행되는 경우가 많다. 이에 따라 구성원들의 원망과 불만을 고스란히 받아내야 하고, 이어서 설득해야 한다. 리더 자신도 그 상황을 모두 이해하기 쉽지 않은 경우도 있을 것이다. 이럴 경우 어떻게 구성원을 설득해야 할까?

여기에서 필자가 제시하는 것은 대표이사의 관점이다. 내가 수행하는 업무가 단순히 상위 부서나 회사의 결정에 따른 실행자로서의 리더가 아니라, 내가 스스로 주체가 되어 단위 지역의 대표이사 관점을 가지는 것이다.

리더인 나 자신이 이해하기 어려운 의사결정일지라도, 회사의 경쟁 상황이나 자원의 상황이 어떻게 변했는지를 고려하여, 내가 회사의 대표라면 어떤 결정을 내릴 것인지를 생각해 볼 필요가 있다. 관점을 대표이사의 주도적인 관점으로 바꾸면, 단순히 이해시키고 전달하려는 소극적인 환경에서 벗어나 자신이 주도하는 환경으로 변화하고, 상황을 수용하는 폭도 매우 넓어진다. 그러기 위해서는 업무의 이해도 단순히 실행을 위한 것이 아니라, 업무의 성격과 전후 맥락을 이해하려 노력하고, 전사적인 관점의 의사결정

과정에 대한 관심과 거시적 안목의 통찰력 등을 갖추려고 노력해야 한다.

대표이사의 관점은 단순히 리더에게만 요구되는 소통 자세가 아니다. 대리점이나 가맹점 등 파트너사를 담당하는 직원들도 이러한 자세를 가져야 한다. 대리점이나 가맹점은 항상 경쟁사보다 우위에 있는 정책이나 프로모션을 기대하기 마련이다. 하지만 현실적으로 일 년 내내 그러한 정책을 유지하는 회사는 없다. 경쟁사보다 열위에 있는 정책 시기에는, 당연히 대리점이나 가맹점주의 답답함을 들어주어야 하는 담당 직원의 고충이 적지 않다.

대리점이나 가맹점 입장에서 그들의 답답함에 공감해 주고, 함께 어려움을 토로하며 현장에서 돌파할 수 있는 영역을 찾아주는 직원, 파트너들 간의 경쟁하는 순간에도 위기를 기회로 바꾸는 시기로 인식하며 고민을 함께하는 직원, 그리고 회사의 열위 정책이라 할지라도 대표이사의 관점에서 전후 맥락을 설명하고 소통하려고 노력하는 직원에게 대리점주나 가맹점주가 신뢰를 보내는 것은 자명하다. 사실, 대표이사의 관점은 리더의 소통 영역에서만 중요한 것이 아니라, 회사의 구성원이라면 자신의 성장을 위해서도 반드시 가져야 할 관점이라고 생각한다.

대개의 경우 예의 바른 학생을 보며 그 부모를 칭찬하고, 고객에게 감동을 주는 매장의 직원을 보면 대표가 교육 잘했다고 생각한다. 또한 경쟁사보다 여건이 열위에 있는 상황에서도 최선을 다해 소통하는 직원을 보며 대리점주나 가맹점주는 나의 모회사의 미래가 밝다고 생각할 것이다.

필자가 판매 현장에서 에너지를 잃지 않고 유지할 수 있었던 가장 큰 원동력은 사실 대표이사의 관점을 통한 소통이 많은 부분을 차지했다. 다만, 대표이사의 관점으로 회사의 입장만을 대변하고, 그렇게만 주도하라는 것이 절대 아님은 이 책을 읽는 독자가 이해할 것이라 믿는다.

Respect Differences

조직 소통 시 기본적으로 전제해야 할 것은
서로 다른 행동 유형 구성원들의 성향 차이를 존중하는 것이다

구성원 A는 항상 적극적인 태도로 업무에 임했지만, 성과가 항상 비례하는 것은 아니었다. 구성원 B는 소극적인 태도 때문에 처음 부임한 리더에게 소위 '코드가 맞지 않는다'는 오해를 받았지만, 업무성과가 나쁘지는 않았다.

열심히만 하던 초보 리더 시절, 구성원과 열심히 소통하고자 노력했지만, 구성원의 반응은 제각각이었다. 회의나 미팅 시 나의 의견을 경청한 뒤 적극적으로 동의나, 의견을 즉각 개진하는 구성원도 있었지만, 반면 무언가 '2%' 부족한 표정으로 소극적인 반응을 보이거나 심지어 부정적 표현을 하던 구성원도 있었다.

처음에는 회사의 목적과 방향성을 설명하는 나의 노력이 부족한 것으로 판단해 더욱 열심히 소통하고 경청하는 데 집중하였다. 하지만 내가 원하는 수준으로 나아지지는 않았다.

내가 원하는 적극적인 태도 변화에 미흡했다. 어떤 구성원은 충분히 이해되었을 만한 사안에 대해서도 이의를 제기한다고 느낄 정도로 집요하고 구체적으로 물어보고, 매우 신중한 태도를 보였다. 마치 리더의 인내심을 측정하는 느낌이었다.

조직의 전반적인 성과가 좋으면 이러한 상황도 일단은 문제없이 넘어갔지만, 조직의 성과가 저조하거나 단기간에 수행해야 할 업무가 가중될 때, 이러한 유형의 구성원에게 아쉬움이 느껴졌고 리더로서 느끼는 답답함의 크기도 비례하여 커졌다. 수행업무의 목적과 과정에 대해 상세한 설명을 하고 이 업무가 미치는 영향과 효과에 관해 설명하기도 했지만 항상 2% 부족함과 답답함을 느꼈다.

나의 의견에 적극적으로 표현을 하지 않았던 구성원에게는 약간의 아쉬움을 느끼기도 했다. 나의 의견이 정확하게 전달된 것인지 또는 다른 고민을 하는 것은 아닌지, 파악하기 어려웠다. 또한 질문을 반복하며 의구심을 가졌던 구성원, 몇 번을 얘기해야 겨우 실행한다고 오해했던 구성원에게는 약간의 서운함까지 느꼈다. '하기 싫은 것을 억지로 하라고 하는 것은 아닌가?'라는 반성과 '왜 조금 더 적극적이지 못할까?'라는 원망 아닌 원망을 하기도 했다.

겉으로 표현하지는 않았지만, '아, 이 친구는 나랑 코드가 맞지 않는 구나' 라고 편견 아닌 편견을 가지기도 했다. 이러한 경우 결과에 대한 확신보다는 우려가 컸던 것도 사실이다.

그리고 어떤 구성원은 내 의견에 전폭적인 지지를 보내주고 적극적인 행동에 나선 구성원도 있었다. 리더로서 매우 고마움을 느꼈던 구성원이기도 하다. 표면적으로 리더에 대한 지지를 해주는 것이 고마웠고 힘이 되기도 했다.

조직 운영은 매번 이상적으로 운영하기 어려운 것이라, 상시 구성원을 설득하면서 이끌기에는 현실적으로 어려운 경우가 종종 있다. 때로는 긴급함이라는 이유로 구성원의 반응속도와 무관하게 내가 정한 수준의 일의 속도로 구성원을 끌고 간 적도 있었다. 하지만 결과를 놓고 보면 예상과는 아주 달랐다. 조직의 방향성과 실행 과제에 표면적으로 드러나는 태도와 결과물이 반드시 비례하지는 않았다. 이를테면, 실행 과제에 임하는 태도나 대답에서 소극적인 행동 유형을 보인 것을 보고 업무에 소극적이라고 판단했던 구성원의 성과가 나쁘지 않았고, 반대로 주도적 스타일을 보였던 구성원이 속칭 사고를 치기도 했다.

어떤 친구는 표면적으로 적극적인 실행 의지가 없어 보였지만 결과가 평균 이상을 보여 주었고, 완벽한 일 처리를 자신했던 구성원의 결과가 엉망인 경우가 다반사였다. 표면적으로 드러나는 태도나 행동 유형만으로 조직에 대한 기여도나 결과를 예측하는 것은 심각한 우려임이 드러났다.

이러한 경험을 토대로 외향적으로 적극적 태도를 보이지 않는 구성원에 대한 나의 관심과 소통은 조직성과에 놀라운 변화를 몰고 왔다.

내향적인 구성원은 외향적 성향의 구성원에 비해 다소의 부담감이 있었다. 내재적인 의지는 조직성과에 기여하고 싶지만, 적극적으로 표현하지 못하는 본인 스스로를 답답하게 느끼는 경우도 있었다. 차분하게 의견을 경청하고 방향을 제시해 주고 리더의 관심이 눈에 보이는 상황에만 머물러 있지 않고, 균형된 시각으로 구성원을 보고 있다는 신뢰가 확인되면 놀라울 정도의 실행력을 보여주기도 하였다.

또한 외향적 성향 구성원의 경우도 적극적인 태도에 비해 결과가 실망스러운 경우가 있었는데, 이때 단순하게 허풍쟁이로 치부하지 않고 내용을 자세히 들여다보면 의욕이 앞서 디테일을 놓치는 경우가 대부분이었다. 디테일을 잡아주고 코칭 해주니 예측 수준의 결과를 보여 주었다.

경험적으로 터득한 것이지만 구성원의 행동 성향은 일의 의지나 역량과 무관하게 유형별 특징을 보이고 있고 그 성과에 대해 리더는 하나의 잣대로 판단하면 안 된다는 것이다. 그리고 유형에 맞는 방법으로 구성원과 소통하면 최상의 결과를 얻을 확률이 높아진다는 것이다.

그동안 리더 업무 수행 경험을 통해 여러 업무 스타일의 구성원과 소통하면서 대처해 왔고, 그간 쌓은 경험을 바탕으로 나름의 노하우를 정리했다. 그 노하우는 나의 입장에서 상대방을 평가하는 것이 아닌, 상대방의 성향을 존중하고 이해하는 것이었다.

DISC 행동 유형 이론을 접한 뒤 이러한 나의 경험과 놀라울 정도로 유사한 이론임을 알게 되었다.

DISC 이론은 거짓말탐지기 발명가인 미국 컬럼비아대학 말스톤(Marston) 교수가 창안한 이론인데, 사람의 행동 유형을 주도형(D형, dominance), 사교형(I형, influence), 안정형(S형, steadiness), 신중형(C형, conscientiousness)의 4가지로 크게 분류하고 각 유형마다의 행동 유형을 정리한 것이다. 현재 통용되고 있는 개인의 심리검사 종류는 다양하다. 여러 가지 심리 검사 중 필자가 디스크 이론에 관심을 가진 이유는 대부분의 심리검사가 개인 관점에서 해석하고 분석했다면, 디스크이론은 상호 관점에서 이해하고 가이드를 제시하고 있다는 점이다.

상호 관점은 사실 매우 흥미롭게 발견한 항목인데, 어느 순간 생각해 보니 조직 생활이나 개인적인 인간관계에서도 나를 중심으로, 나의 관점에서 상대방이나 조직을 이해하고 해석하는 것이 일반적이라는 것을 깨달았다. 나의 답답함을 몰라주는 동료나 상사, 나를 이해하지 못하는 친구나 가족 등등 모두가 내가 중심이지 상대방의 입장에서 생각하고 이해하고자 하는 관점은 아니었다.

결론적으로, 나의 관점에서는 문제 해결의 가능성이 쉽지 않았다. 어느 순간 상대방의 관점에서 이해해 보려는 우연한 시도는 많은 변화를 불러왔다. 역지사지의 개념을 모르지는 않았으나, 단순한 의지 차원이 아닌 유형별 업무 상황이나 개인 관계에 실제로 대입해서 고민해 보니 놀라울 정도로 새로운 변화가 일어났다. 디스크 이론이 그러했다. 나의 관점이 아닌 상호 관점, 공동체적 관점에서의 이론이었다.

<u>나는 DISC 행동 유형 이론의 열광론자로 바뀌어 있었다. 조금 더 구체적인 내용은 다음 장에서 다루기로 한다.</u>

아무튼 조직 소통 시 우리가 전제해야 할 것은 서로 다른 행동 유형을 가진 구성원들에 대한 성향의 차이를 존중하는 것이다. 이것이 단순히 구성원의 유형에 리더가 맞춘 소통을 의미하는 것만은 아니다. 구성원과 리더, 구성원 간 소통 시, 상대방의 유형 특징에 대해 조금 더 알고, 서로 이해하고 배려하는 관점에서 소통해야

팀워크가 좋아질 수 있다. 나만의 입장에서 상대와 구성원을 판단하는 것이 아닌, 서로의 행동 유형이 다름을 인정한 상태에서 소통을 이어 나가려는 노력을 계속해야 한다.

그리고 다음 장에서 설명할 DISC 이론을 단순히 나의 행동 유형에 따른 심리적 분석에 한정된 것이 아닌, 조직 내에서 소통하는 데 필요한 최소한의 배경 이론으로 인식한다면 구성원들과 조금 더 나은 소통을 할 수 있을 것으로 본다.

우수인재는 반드시 외향적인가?

:

**적극적, 사교적인 스타일이 우수한 성과를 창출할 것이란 생각은
선입견일 뿐이다**

　대한민국 모든 업계를 통틀어 '세일즈왕' 1등부터 100등까지, 그들을 모두 한자리에 모이게 한다고 가정하자. 세일즈의 특성상 그들은 모두 화법이 뛰어나고 외향적 성향이어서 고객과 친화적일까? 지금까지 그런 통계자료가 없으니 단언하기 힘들다고 하겠지만, 고객에게 신뢰받는 우수 세일즈왕의 사례를 보면 외향적인 행동 유형보다는 고객과의 약속을 소중하게 여기고 신뢰를 바탕으로 소통하는 유형이 대부분이다. 우수 인재는 외향적일 것이라는 선입견 아닌 선입견은 버려야 한다.

　전술한 바와 같이, 회의나 업무 수행에서의 적극적인 태도 등

일차적인 현상 판단보다는 구성원 개개인의 강점이 무엇인지, 리더로서 보완하고 지원해 줄 것은 무엇인지 경청하고 소통하면서, 리더가 단순히 업무 지시가 아닌 공통의 목표를 향해 함께하는 동반자로서 해야 할 역할이 중요하다. 누구나 자신을 인정해 주는 자에게 최선을 다한다.

행동 유형과는 조금 다르지만, 편견 없음에 대한 필자의 경험 한 가지를 소개한다. 새해가 되어 지점별로 새롭게 인력을 배치하는 회의가 있었다. 리더들은 대부분 누구에게나 인정받는 'S'급 인재를 서로 자기 조직에 배치받기 위해 애쓴다. 반면에 누구나 부담스러워하는, 피하고 싶어 하는 소위 '문제 인원'도 있다. 필자의 경우는 이 경우에도 부담 갖지 않고 그 인원만 동의한다면 한 가족으로 합류하는 데 전혀 부담을 가지지 않았다. 대부분 소극적이고 내성적인 성향으로 변해 있는 친구들이었는데(이전의 행동 유형이 외향적인 경우도 있었다), 새롭게 조직에 합류하고 몇 날 며칠이고 경청하고 소통하다 보면 그들의 가슴 아팠던 지난 사연을 알게 된다. 그리고 그들이 가진 묻혀 있던 강점을 발견하게 되고, 조금만 응원해 주고 도와주면 그들은 반드시 얼마 지나지 않아 해당 조직에서 우수 인재로 활동하게 된다.

지금도 생각나는 A군은 소극적이면서도 다소 부정적인 태도였는데, 1월에 한 팀에 합류하여 다소 긴 경청과 소통의 시간을 거쳐

10월에 나와 우리 지점에 마음의 문을 활짝 열었다. 그리고 그해 12월에 나는 새로운 조직으로의 발령으로 인해 헤어졌는데, 그와 함께 현장의 열정을 나눴던 2개월이 지금도 뚜렷하게 기억에 남는다. 2개월 동안 A군이 지점에 기여한 성과는 작지 않았고, A군의 변화로 조직의 사기와 에너지도 넘쳐나서 그해 전사 1등의 결과를 달성하는 데에 많은 도움이 되었다.

작은 가게의 아르바이트생을 뽑을 때도 면접을 본다. 어떤 조직이든 면접을 통과했다는 것은 해당 조직의 구성원으로서 기본적인 역량을 갖추고 있다는 점이다. 눈에 보이는 단편적인 상황으로 인재를 판단하지 말고 가능성과 내재 역량에 관심을 가져야 한다.

회사 입장에서는 조직의 특성을 감안할 때 리더의 성향으로 추진력이 좋고 적극적으로 의견을 개진하는 주도형이 가장 적합하다고 생각할 수 있고, 구성원 개인의 관점에서 보자면 선호하는 리더 유형을 사교형으로 생각할 수도 있다. 실제 심리검사 시 회사원 대상의 경우 본인의 성향보다는 본인이 희망하는 성향으로 문항의 답을 선택한다는 가설(사회적 바람직성에 의한 편향 이론)도 있다.

그리고 행동 유형과 관련해서 특정한 성향이 성과와 연관이 있다고 추정되는 경향이 있으나 이는 지극히 편견에 불과하다. 적극적이고 사교적인 성향의 스타일이 성과 창출 면에 있어 우수할 것으로 생각하지만, 이는 선입견일 뿐이다. 물론 적극적 성향의 유형이 단기적으로는 고객과의 소통에 유리하다고 생각할 수 있다. 하지만 고객의 니즈 충족이나 만족도는 단순한 행동 유형에 결정되지 않는다.

모든 사람은 자신만의 행동 유형을 가지고 있으며(그것이 하나이든 복수이든) 어떤 유형이 우세하거나 열위에 있다고 볼 수는 없다. 각각의 행동 유형에 따른 특성을 이해하고, 리더는 자신의 행동 유형을 인지하며, 조직이 성과를 내기 위해 서로 어떻게 이해하고 협력할 것인지를 찾아내야 한다.

MZ세대와의 소통과 이해하기

:

MZ세대 구성원이 바라는 것은 기성세대의 일회성 성공 일화가 아니라 냉정한 판단과 시스템에 기반한 코칭이다

　　MZ세대와의 소통이 조직 내 주요 이슈의 한 축을 이루고 있다. 불과 얼마 전까지만 해도 non-MZ세대 리더와 MZ세대의 소통이 이슈였으나, 조직사회 형태가 다양화되면서 MZ세대 리더-MZ세대 구성원, MZ세대 리더-MZ세대 구성원-non-MZ세대 구성원 등으로 다양화되고 있다. MZ세대도 리더 대열에 합류하면서 더욱 다양한 현상이 나타나고 있다. 이에 기성세대 리더와 MZ세대 구성원 간 단순한 관점이 아닌 조직 내에서의 기성세대와 MZ세대의 관점에 대해서 눈높이를 맞추는 것이 이해가 빠를 것이다.

　　MZ세대와의 소통에 관한 일반적 관점은 MZ세대가 조직의 관

점보다는 개인적 성향이 강하다는 것이다. 과거에는 구성원 개인 역량 관점보다 단위 조직 업무 수행이 우선이어서, 업무시간을 비롯한 업무 자원이 부족한 여건에서도 목표 달성에 집중하는 것이 조직문화의 중심이었다. 하지만 MZ세대 구성원은 정해진 업무시간과 업무 수행 목표 달성을 위한 제반 사항이 충분하게 지원되어야 하는 것을 너무나 당연한 조건으로 생각하는 자기중심적 사고를 가지고 있어, 과거의 조직 관점과 충돌이 날 수밖에 없다는 '오해'를 할 수도 있다.

그러나 필자가 바라보는 견해는 조금 다르다. 필자가 만났던 MZ세대 구성원들은 자기주장만 강한 개인주의가 아닌 똑똑하고 총명하며 지혜로운 대한민국의 청년들이었다. 그들은 올바른 사고와 활달한 성격을 가진 청년 그 이상도 그 이하도 아니었다. 회사와 자신의 성장을 위해 아낌없이 회사에 헌신할 의지도 갖추고 있었다. 그러나 그들이 기성세대와 다른 것은 명확했다. 그들은 왜 이 일을 해야 하고, 나의 일이 회사와 조직의 성장에 어떻게 기여하는 것인지 궁금해 했다. 또한 나의 성장에 조직이 어떤 선한 영향을 미치는지에 대해서도 알고 싶어 했다. 특히 구성원으로서 성과 창출에 기여하는 실행 방법(how to)에 대해 매우 구체적으로 물어왔다. 그들이 선배 구성원에게 기대하는 것은 일회성 성공 일화가 아니다. 다양한 고객의 니즈와 경쟁 환경에서 승리할 수 있는 방법론이다. 독한 의지와 정신력으로만 대결하는 시대는 이미

끝났다. 냉정한 판단과 시스템에 기반 한 철저한 준비를 코칭 해줄 수 있는 리더를 애타게 기다리고 있다.

필자의 이전 경험 한 가지를 들고자 한다. 임원 시절 신입 직원과의 간담회 중, 누군가 '용기'를 내어 현장 근무 시 느끼는 답답함을 토로하였다. 내용의 요지는 이것이었다.

"자사 제품이 경쟁사의 것보다 큰 차별성이 없는데, 회사는 단순히 목표 달성만을 강조하니 답답합니다."

'당돌하지만 당연한(?) 문제 제기'에 참석자들의 일부가 술렁이기도 했었다. 이에 나는 이렇게 답했었다.

"우리가 가진 상품의 경쟁력이 경쟁사보다 탁월하게 차이가 나는 것은 아니다. 하지만 고객의 입장에서 불편을 느낄 정도도 아니다. 오히려 우리는 경쟁사와 다른 차별적인 요소를 마케팅 관점에서 특화하고 있다. 역설적으로 우리 제품의 제품력이나 가격, 서비스, 홍보 전략에서 경쟁사보다 탁월하게 차별화되었다면, 우리 영업조직은 어떤 존재의 의미가 있는 것인지 생각해 봤는가? 단순한 비교 경쟁력보다는 회사의 방향성을 명확하게 이해하고 유통망을 설득해서 우리가 해야 할 일을 찾아나가는 것이 중요하지 않은가? 우리 조직의 존재 이유가 회사와 고객에게 어떤 의미인지 정확하게 이해할 필

요가 있다고 생각한다."

이후 오히려 우리 조직의 존재 이유에 대해 조금 더 명확하게 이해하게 되었고, 수동적인 목표 달성이 아닌 주도적인 핵심 조직으로서의 분위기가 형성되기도 하였다. 그리고 이후 그들은 좀 더 솔직하게 자기 의사를 표시하였다.

한편 MZ세대 구성원들의 가장 현실적인 관심은 연차 및 휴가 사용 등 '워라밸'과 관련한 사안이었다. 특히 기성세대들이 눈치(?)를 봤던 경험이 있는 '정기휴무일과 연속해서 사용하는 연차' 선호 등에 선임 구성원은 MZ세대 구성원에게 눈치를 주고, MZ세대 구성원은 이런 '꼰대스러움'에 짜증을 내는 것이다.

이 경우에도 기존 직장인 역시 모두 정기휴무일과 연속해서 사용하는 연차를 선호하지만, 현실적으로 모두가 매번 가능하지 않다면 구성원이 선의의 피해를 보지 않는 범위 내에서 자율적으로 조정하는 환경을 만들면서 진행하니, 효과적인 연차 사용과 업무 효율이 따라왔다.

역설적으로 기성세대도 이러한 니즈는 있었다. 하지만 회사나 조직, 그리고 그 환경이 당시 그들의 니즈를 충족해 주는 경우는 적었다. 기성세대는 과정의 중요성을 설명하다가도 현장으로 뛰어나가 목표 달성이라는 결과중심으로 매진할 수밖에 없었고, 항상 무에서 유를 창조하고 해내기를 기대받았던, 어쩌면 '불운한' 세대이기도 하다. 휴가 일정을 단 한 번이라도 자유롭게 정하지 못한, 눈치만 봐왔던 세대였다. 하지만 MZ세대에게 이런 기성세대는 본인의 권리를 제대로 주장하지 못한 안타까움 보다는, '이상한' 세대로 인식되고 있을지도 모른다.

경쟁의 구도나 성장의 속도를 감안하면 왜(why)에 대한 이해의 시간이나 과정의 충실함도 중요했지만, 상대적으로 목표 달성이나 성과 창출 등의 결과 지표에 큰 비중을 두다 보니 그러한 경험을 하기가 쉽지 않았다. 기성세대의 관점이나 경험적 측면에서, 그리고 시장 환경이나 시대 환경이 다르니 눈높이가 다른 것은 어쩌면 당연한지도 모른다.

하지만 지금은 고객의 경험 가치도 고도화되고 있다. 세대 갈등이나 눈높이의 차이가 아닌 고객 눈높이에서 이해해야 하지 않을까? 과거의 경험은 소중하지만, 일회성 성공 일화만으로는 MZ세대 구성원에게 어필할 수 없다. 과정에 기반 한 실행 역량과 통찰력을 보유한 실력 있는 리더만이 생존하고 성장할 수 있다.

<MZ 구성원을 대하는 몇 가지 TIP>

1. 단순 전달자보다는 앞뒤 맥락을 공유하고, 일의 의미에 대해 정확하게 공감대를 형성하자.
2. 실행을 위한 구체적인 how to에 집중하자. 단순하게 해야 한다는 추상적인 메시지는 곤란하다.
3. 구성원이 원하는 것과 회사가 해줄 수 있는 경계선이 있다.
    - 무조건 검토하겠다고 말하기보다는 실질적으로 수용 가능한 부분을 명확히 해야 한다. 그렇지 않으면 구성원이 자신의 주장이 옳음에도 불구하고 회사가 적극적으로 대처하지 않는다고 오해할 수 있다.
4. 회의나 업무 소통뿐만 아니라 일상 상황에서도 리더의 말과 행동은 비슷한 영향력을 가진다.
    - 역설적으로 나의 강점을 유감없이 보여줄 기회가 될 수 있다.
5. 형식적인 '이벤트'보다는 진심 어린 한 가지 활동에 집중하자.

DISC
(Dominance, Influence, Steadiness, Conscientiousness)

리더가 구성원과의 소통을 위해
쉽고 효과적으로 활용할 수 있는 최고의 행동모델

DISC 행동 유형 이론은 리더가 구성원과의 소통을 위해 혹은 구성원과 구성원 간에 가장 쉽고 효과적으로 활용할 수 있는 최고의 행동 유형 모델이다.

DISC는 미국 컬럼비아대학 심리학 교수였던 William Moulton Marston(1893년~ 1947년)이 인간의 행동 유형을 4가지로 분류한 모델이다. 이를 기반으로 한 행동 유형 검사가 DISC 행동 유형 검사이고, DISC 행동 유형 검사는 전 세계적으로 광범위하게 사용되고 있다.

DISC 모델은 인간을 환경에 대한 관점의 차이와 개인적 역량의 관점에 따라 4가지로 구분된다. (임아영, K-DISC 직무 행동 유형 검

사 개발 보고서, 2023)

한 개인이 자신이 처한 환경을 어떻게 인식하고, 그 환경에 대응하는 역량이 얼마나 크다고 느끼는지에 따라 '주도형(D, dominance)', '사교형(I, influence)', '안정형(S, steadiness)', '신중형(C, conscientiousness)'으로 분류하였다.

주도형 (D, Dominance)

주도형의 일반적인 특징은 성과 지향적이고 도전적이며, 변화를 두려워하지 않는 점이다. 빠르게 결정하는 경향성을 보이고 통제하기 좋아하며, 반면에 통제력을 잃는 것을 두려워한다. 주도형이 갖는 장점은 강력한 리더십과 추진력, 그리고 적극적인 문제 해결이다. 단점으로서는 고집이 센 경향이 있고 타인의 말에 귀를 기울이지 않으려는 경향, 세세한 것을 간과하고 지나치게 서두르는 경향이 있다.

주도형이 가지는 대표적인 소통 방식은 직선적이고 솔직하게 자신이 생각하는 말을 망설이지 않고 표현하는 것이다. 또한 질문할 때 신속하고 명확한 대답을 요구하고 의사 표현 방식이 명료하여 명령조에 비슷한 화법을 사용하기도 한다.

사교형 (I, Influence)

사교형이 가지는 일반적인 특징은 열정적이라는 점이다. 또한 조직의 소위 '분위기 메이커'이다, 소통과 인간관계를 중시하고 긍정적이고 낙천적 성향을 보이며, 공동작업을 즐긴다. 타인과의 교류에 부담을 느끼지 않으며 오히려 이를 즐긴다. 사교형이 갖는 장점은 감수성과 친화력이 뛰어나다는 점과 다양한 관심과 흥미, 자유로움이다. 단점으로는 과도한 낙관적 기대로 결과에 대한 완성도가 떨어질 수 있다는 점, 그리고 계획적이고 디테일하기보다는 충동적인 경향이 강하다는 점이다. 이를테면 정해진 일정 마감 및 준수에 어려움이 따르기도 한다.

사교형이 가지는 대표적인 소통 방식은 자신의 의견을 이야기할 때 상대방이 나의 의견에 동조하기를 기대하는 경향이 있고, 본인이 대화의 중심이 되기를 바라는 것이다. 또한 본인에 대한 타인의 관심을 즐기며, 칭찬받기 좋아한다.

안정형 (S, Steadiness)

안정형이 가지는 일반적인 특징은 변화를 두려워하지만, 경청을 잘하고 조직에 대한 충성심이 높다는 점이다. 그리고 다른 사람을 돕고 지원하는 데 능숙하다. 안정형이 가지는 장점은 조화롭고 원만한 관계 유지와 일관된 업무추진이다. 구성원 및 다른 팀에 대해 협조적이고 부드러운 태도를 가진다. 단점으로는 갈등을 회피하거나 본인의 의견을 피력하는 데 다소 소극적이라 우유부단하다는 오해를 받을 수 있다.

안정형의 소통 방식은 경청을 잘하고 타인의 의견에 대하여 자기 일처럼 공감하는 스타일이며, 자신의 의견을 표현하는 데 매우 신중함을 견지한다.

신중형 (C, Conscientiousness)

신중형이 가지는 일반적인 특징은 원칙적이고 분석적이라는 점과 일을 정확하게 하려는 점이다. 일의 우선순위를 중요하게 여기며 철저한 계획과 정확성을 추구한다. 신중형이 가지는 장점은 의사결정 시 신중하고 높은 수준의 기준에 도달하고자 노력한다는 것이다. 정확성과 논리적 사고 등 체계적인 업무에 능하다. 단점으로는 지나친 완벽주의나 정확성, 높은 기준을 추구하다 보니 비판적인 성향이 지나쳐 고립되거나 세부적인 사항에 집착하는 태도를 보일 수 있다.

신중형의 소통 방식은 의사소통 시 논리적이고 체계적인 방법으로 본인의 의사를 직접적으로 표시한다는 것이다. 본인의 의견을 성급하게 내세우지는 않지만, 명확한 사실과 세부 내용을 바탕으로 하는 대화를 선호한다.

우리 구성원들은
어떤 행동 유형으로 이루어졌을까?

코드가 맞는 사람과만 일하는 어리석은 리더가 되지 말자

    DISC 행동 유형 이론에 따른 개인별 성향 분석은 전문 검사 업체를 통해 4가지 기본적인 성향 외에 16가지 세부적인 행동 유형별 특성을 파악할 수 있다. 하지만 온라인상에서도 간단한 무료 검사를 통해 4가지 유형 중 내가 어떤 유형인지를 파악하는 것도 가능하다. 다만 이러한 행동 유형 검사에서 본인의 성향 결과를 정확하게 알기 위해서는 검사 시의 조건 및 상황이나 문항 등의 객관성을 사전 검토하는 것이 좋을 듯하다. 그리고 구성원의 행동 유형만으로 의사결정을 하는 것은 지극히 경계해야 한다. 각 리더가 속해 있는 조직의 상황이나 여건 등을 고려하여 종합적으로 판단하는 것이 중요하다.

필자가 판단하는 DISC 행동 유형 이론의 핵심은 이것이 획기적인 이론이 아니라 그동안 우리가 겪어왔던 구성원들과 리더의 경험적인 행동 패턴이 유형별로 정리된 것이고, 문제 해결 방식 또한 개인 중심의 관점에서 상호 관계, 우리, 공동체 등의 객관적인 시각을 가져다주었다는 점이다.

필자는 나의 보완점 및 단점을 개선하려고 노력하다가, 투입 대비 결과의 개선이 적은 비효율에 한계를 절감했다. 이후 어느 순간 단점이 조직에 미치는 리스크를 판단하고 예방하는 관점으로 방향을 전환하고 이에 따른 계획을 세우며, 남는 시간을 나의 강점에 더욱 집중하고 개발하여 조직의 성과에 기여하는 것으로 방향을 선회했는데, 구성원의 호응이 더 폭발적이었다.

이후에 DISC 행동 유형 이론을 접하고 나의 경험치와 놀랍도록 유사함에 감동을 한 필자는 DISC 행동 유형 이론을 조직 소통의 해결 도구로써 활용한 '나의 경험치를 보강한 DISC 행동 유형 모델'의 전도사가 되었다. 이어 기술되는 유형별 특징과 관련한 내용은 필자의 경험과 <K-DISC 개발 보고서> 그리고 필자와 함께하는 교육 회사 멤버들의 의견을 모아 작성한 것임을 밝힌다.

주도형에 대한 리더의 자세

적극적으로 나에게 의견을 제시하고 조직의 목표를 지지해 주는 구성원이 있다면 그는 주도형일 확률이 높다. 성과 창출의 목표를 수행하는 리더 입장에서 가장 호감 가는 유형일 것이다. 그러나 과정에서의 세부 준비가 배제된 결과 중심의 추진력은 조직에 해로운 영향을 줄 여지도 있다. 그리고 그들의 적극적인 목소리에 집중하다 보면 정말 중요하게 챙겨야 할 다른 목소리들이 묻힐 가능성도 있다.

추진력은 매우 중요하지만, 리더는 그 추진력이 오히려 조직의 능률을 저해할 수 있는 요소가 있지는 않은지, 그 리스크도 동시에 챙길 수 있는 냉철한 균형 감각이 필요하다.

사교형에 대한 리더의 자세

항상 쾌활하게 조직의 분위기를 이끄는 구성원은 당연히 사교형일 것이다. 조직 내 업무 스트레스로 힘들어하는 구성원에게 구심점이 되어주고, 리더에게도 에너지를 준다.

분위기 상승의 구심점이지만 성과를 창출하는 추진력이나 의사 결정력은 상대적으로 부족할 수 있다. 이 경우 리더는 의사결정을 위한 정확한 판단 근거 제시와 명확한 지시를 통해 방향을 설정해 주고, 동시에 사교형 구성원에 대한 관심과 인간적 교류를 통해 활력 에너지가 다운되지 않도록 해야 한다.

주도형 구성원과 사교형 구성원은 성향 특성상 비교적 생각과 감정이 외부로 쉽게 드러나 리더가 판단하기 쉽지만, 안정형과 신중형은 반대로 겉으로 잘 드러나지 않는 경우가 많아서 리더가 좀 더 관심을 가지고 소통해야 한다. 두 경우는 핵심 인재가 아니라고 인식하고 있는 경우가 많다.

안정형에 대한 리더의 자세

안정형 구성원은 업무에 대한 맥락 설명에 좀 더 세심해야 한다. 급격한 변화를 두려워하므로 업무에 안정적으로 적응할 수 있도록 충분한 시간적 배려가 필요하다. 그리고 주어진 업무에 능숙하다 하여 반복적인 업무를 부여하게 되는 경우가 많은데, 이것 또한 바람직한 자세는 아니다. 안정형 구성원은 성과 창출에 대한 의지가 적은 것이 아니라, 본인이 업무에 실패했을 경우 조직에 미칠 영향과 불안감에 선뜻 나서지 않는 것일 뿐이다. 이때 리더는 안정형 구성원이 도전하고 싶어 하는 영역에 대해 전폭적인 지지를 표현하고, 결과에 대한 리스크를 같이 나누겠다는 과감한 모험적 자세를 보여줄 필요도 있다.

신중형에 대한 리더의 자세

신중형 구성원은 특유의 세심함과 계획성으로 속도가 빠르고 모험을 지향하는 주도형 구성원과 협업이 어렵다는 시각이 존재한다. 하지만 신중형 구성원의 세심함과 디테일한 업무방식은 조직의 리스크 요인으로부터 일종의 '안전지대'로 분류할 수 있다. 또한 신중형 구성원에게 그가 가진 세심함이 성과 창출의 밑바탕이 된다는 명분을 충분히 줄 수 있다면 그 구성원 역시 성과 창출의 주인공이 될 수 있다.

한편 리더 입장에서는 신중형 구성원과 함께 과감한 도전과제를 수행할 때 조급함이 생길 수 있다. 왜냐하면 신중형 구성원은 기본적으로 원칙주의자고, 세부 기준을 명확히 하고 계획하는 데 시간을 소모하기 때문이다. 주어진 여건 내에서 최선의 목표를 제시하고 신중형 구성원을 이끌어 주는 지혜 역시 필요하다.

구성원 입장에서의 유형별 관계는 어떨까?

흔히 꼴불견으로 회자된 직장인의 모습은 '평소에는 업무태만이다가 리더가 볼 때만 열심히 하는 경우'가 대표적이다. 그리고 팀이 협업을 통해 이룬 성과를 개인의 공으로 돌리는 경우, 구성원들과 수평적으로 할 때의 얘기와 리더에게 혹은 회의에서 하는 얘기가 다른 경우다. 특히 그때그때 리더의 '입맛'에 맞는 이야기를 하는 경우가 대부분이다.

그 외 업무역량이 부족하거나 이런저런 핑계로 자신이 할 일을 동료에게 넘기는 경우, 단순한 기본 업무인데 불평불만만 하는 경우 등이다. 이러한 이야기들은 얼핏 보면 구성원 태도의 문제로 보이지만, 조금 깊이 들여다보면 리더의 소통 능력과 조직 장악력이 와해된 경우에 흔히 나타나는 현상이다. 또 한편으로는 구성원의 행동 유형이 극단적으로 왜곡된 상황이기도 하다.

조직 내 구성원 모두 일한 만큼 공정하게 평가받는다는 신뢰 관계를 바탕으로, 리더가 모든 구성원과 균형적으로 소통하려 노력하고 구성원의 행동 유형을 이해하고 그에 맞는 업무지시와 소통 방식을 차별화한다면 위에 언급한 사례들이 쉽게 나타날 수 있을까? 조직 구성원에 대한 관심을 바탕으로 소통하려는 리더 한 명의 역량이 얼마나 중요한지를 보여주는 상징적인 장면일 것이다.

모든 구성원이 완벽하지는 않고, 리더 역시 완벽하지 않다. 이러한 불안정한 상황 속에서 리더의 자질 부족으로 자신의 역량을 발휘하지 못하고 소외되는 구성원을 수없이 보아왔다. 우수하지만 지속해서 성과를 내는 조직은 한두 명의 스타플레이어에 의존하지 않고, 균형 잡힌 리더십과 상호 이해에 기반한 소통 문화가 기본적으로 장착되어 있다.

필자는 묵묵히 일하는 구성원에게 반드시 무언의 신뢰 메시지를 계속 전달했다. 공식 회의 자리에서 부족한 소통은 별도의 일정을 만들어서라도 지속해서 소통하기 위해 노력했고 그 결과 그들의 지지와 노력으로 조직의 성과도 상당 부문 높아지는 좋은 결과를 만들었다. 중간 결론을 정리하자면 다음과 같다. 코드가 맞는 사람과만 일하는 어리석은 리더가 되지 말자.

구성원을 파악하는 방법

새로운 조직에 발령받았다면, 제일 먼저 구성원들의 상황을 파악해야 한다. 단순한 인사 기록상의 명목적인 기록물만이 아니다. 개별 구성원의 강점과 보완점을 정리한다. 그리고 '인사 히스토리'

를 확인하고, 전임 리더의 의견도 구한다. 다만, 인사 담당자 및 전임자와 구성원 간의 소통이 원활하지 않았다면 왜곡되어 전달될 가능성도 있다. 소위 '찍힌' 인원도 있을 것이다. 현명한 리더는 이러한 자료와 의견에서 그들의 유형을 객관적으로 판단하고 소위 왜 '성과 부진자'가 되었는지를 DISC 유형을 바탕으로 대화를 통해 풀어나간다면 뜻밖의 좋은 포인트를 발굴할 수도 있다.

어느 회사든 최고의 인재를 선발하기 위해 애쓴다. 아무리 제도가 허술하더라도 태도 자체나 인성이 부족한 후보가 면접 과정을 통과하기는 쉽지 않다. 그리고 회사에 입사한 누구나 열정과 에너지를 가지고 있었을 것이다. 성과가 부족한 구성원이 있다면 이러한 아주 기본적인 자세에서 구성원과 소통하는 노력이 필요하다.

전임 조직에서 어려움을 겪은 구성원은 새로운 리더와 만났을 때 외부적으로는 불편함과 답답함을 호소할 수 있겠으나, 내면 한 구석에서는 '제발 나의 가능성과 열정, 그리고 에너지를 다시 불러내달라'고 애타게 외치고 있을 것이다. 리더의 성과 창출과 기여는 예상과 계획과 결과가 주는 만족감보다 이런 구성원과의 소통을 통해 에너지를 발굴해 냈을 때 최고의 성취감을 맛볼 수 있다. 진정한 리더로 발돋움할 수 있다.

소통에 대한 기술적인 방법

　이러한 관점에서 기술적으로 진행하는 구성원과의 1:1 면담 등 소통 실무에 대해 잠시 언급한다. 여기에서의 포인트는 면담이나 회의를 정해진 스케줄에 따라 형식적으로 진행하는 것이 아니라 목적을 명확하게 하는 것이다. 특히 개인 면담의 경우 단순히 형식적인 스케줄로 인식되면 수행업무의 과다로 우선순위에서 뒤로 밀리기 다반사다. 하지만 팀 내 소통의 기반이 된다는 중요성을 인식하면 구성원의 업무 수행 상황에 따라 탄력적으로 운영할 수도 있다. 다만 꼭 체크해야 할 것은 대개 정기적인 면담 외에 수시 면담을 하는 경우는 팀원 애로사항 발생이나 문제 발생 시 시행하는 후행적인 면담일 경우가 많고 이 경우 이미 구성원의 문제점이 누적되었을 가능성이 커서 사후 약방문이 될 수 있으므로 가급적이면 이상 징후 발생 시에 선행적인 관점에서 진행되는 것이 좋다.

　1 대 1 면담은 구성원 개인의 성향에 포커스를 맞추어 각 행동 유형별로 나타날 수 있는 문제점과 보완점을 중심으로 대화를 끌어 나가는 방법을 고려한다.

✅ **주도형:**
성과 달성에 대한 집중력 및 속도는 뛰어나지만, 결과 중심으로부터 만들어질 수 있는 과정상의 세부 이슈를 감안한 의견 제시가 필요하다.
ex. 속도 조절, 세부 사항 누락, 구성원 간 소통 부재, 에너지 유지를 위한 지원 등

☑ **사교형:**
조직의 구심적 역할을 하지만, 분위기 메이커로서 한정될 개연성을 가진다. 명확한 성과를 내기 위한 목표 의식과 계획성을 바탕으로 균형점을 찾아 주는 것이 필요하다. 인간적 관심을 통해 적극적으로 소통하여 신뢰는 쌓는다.

☑ **안정형:**
회의 등 공식적인 자리에서 피력하지 못한 조직 관점에 대한 조언을 듣는 것이 필요하다. 그리고 이 역시 신뢰에 대한 확인과 본인이 느끼는 불안함을 풀어줄 수 있는 정보 및 시간적 여유 제시 등이 유효하다.

☑ **신중형:**
원칙을 벗어난 과업에 대해 혼란스러워할 수 있으므로 명확한 기준 제시가 필요하다. 세부 사항을 계획하고 완벽히 수행하는 과정에 지나치게 에너지를 소모하고 있지 않은지 점검이 필요하며 업무 중요도에 따른 적정 에너지 배분의 균형점을 제시하는 것이 효과적이다. 체계적으로 준비하여 완성도를 높일 수 있는 시간을 제공할 때 능률이 오른다.

개별적 소통 외에 집단적으로 소통하는 방법도 있다. 간담회 같은 형식이 이에 해당한다. 전체 인원이나 특정 계층이 참여하는 경우 우리나라 조직문화 특성상 처음부터 쉽게 회의 목적에 맞는 의견을 내기 쉽지 않다. 스몰토크를 통해 자연스럽게 회의 주제를 설명하고 편안하게 의견을 내는 분위기를 만드는 것이 중요하다.

특히 간담회는 특정한 결론을 내는 것이 목적이 아니기 때문에 조직의 방향을 이해하고 기발한 아이디어를 발굴하는 목적으로 발제자의 독창적인 의견을 기대하는 형식이 아니다. 구성원 서로가 가지는 있는 다양한 의견에 공감하고 각 각의 행동 유형별로 가지는 상황을 이해하도록 배려하는 것이 중요하다. 외향적 성향의 그룹이 분위기를 주도하는 것보다 신중형, 안정형의 구성원도 자연스럽게 대화에 참여하도록 배려하는 것이 필요하다.

이를 쉽게 실행할 방법으로 포스트잇 등을 통한 익명성을 전제로 한 방법으로 의견을 취합하는 것도 생각해 볼 수 있다. 이러한 종류의 회의는 구성원 입장에서 형식적으로 진행되는 회의가 아니라는 인식을 하게 해준다.

현재 상황과 맞지 않는 의견이라고 중간에 섣불리 결과를 내린다든지 또는 형식적으로 동조하면서 추후 검토하겠다는 식의 분위기로 흐르면 곤란하다. 구성원의 다양한 의견을 듣고 즉시 반영할 것과 회사 여건상 구체적인 연구가 추가로 필요한 것, 그리고 당장 실행하기 어려운 것은 추후 과제로 명확하게 등록하는 것 등이 그것이다.

나는 어떤 행동 유형의 리더인가?

나의 강점과 보완점을 조직에 대입해
어떻게 실행하고 보완할 것인가

DISC 행동 유형 이론과 관련된 여러 가지 의견을 제시하였다. 그렇다면 나는 어떤 유형의 리더이고 어떤 강점과 보완점을 가지고 있는가? 그리고 이를 조직의 특성에 맞게 대입했을 때 어떻게 실행하고 보완해야 하는가? 안타깝지만 이 책을 읽는 모든 이들에게 구체적인 대안을 제시하기는 어렵다. 그런 시도는 오히려 광범위하고 추상적인 결론을 만들 수 있다. 이에 아래 내용을 바탕으로 워크시트 작성을 통해 자신의 유형 분석과 관점에 대해 적어볼 것을 제안한다.

주도형 리더의 강점과 보완점

- **강점:**
  결단력, 도전정신, 목표 달성을 위한 적극성
- **보완점:**
  지나친 통제, 디테일 간과, 소통 부재

신속한 의사결정을 바탕으로 구성원에게 명확한 목표를 설정해 준다. 모험을 두려워하지 않는 도전정신으로 새로운 영역을 개척하고, 이때 설정한 목표를 이루기 위해 집중하고 적극적으로 조직을 이끌어가는 강력한 리더십을 발휘한다. 하지만 디테일을 간과한 목표 설정은 구성원의 세부 업무 방향 설정에 혼동을 줄 가능성이 있다. 또한 지나친 통제 욕구로 구성원 개인의 의견을 수용하지 못하는 상황이 발생하여 소통의 부재로 이어질 수 있다는 점을 염두에 두어야 할 것이다. 목표에 따른 세부 사항을 고민하여 함께 제시하고 계획하는 시간적 여유와 구성원의 의견을 수용하려는 유연한 태도가 필요하다.

사교형 리더의 강점과 보완점

- **강점:**
  적극적 교류, 구성원의 동기유발, 융통성
- **보완점:**
  충동적, 계획의 변경, 업무에 대한 집중력

소통과 인간관계를 중시하여 인간적 관심을 바탕으로 구성원과 적극적으로 소통한다. 그로 인해 긍정적이고 밝은 분위기를 조성하며 구성원 간의 화합 및 동기를 유발하는 장점이 있다. 또한 변화를 두려워하지 않아 상황에 맞추어 융통성 있는 방향 설정이 가능한 유연한 리더이다. 하지만 이러한 융통성이 충동적인 목표 및 계획 변경으로 이어진다면 구성원을 불안하게 하는 요소로 작용할 수 있으니 주의해야 한다. 또한 인간적 관심으로 구성원과 풍부한 소통을 진행하지만, 그로 인해 회의가 길어져 업무 집중도가 떨어질 수 있으니 조직의 성과에 집중하고자 하는 노력이 필요하다.

안정형 리더의 강점과 보완점

- ☑ **강점:**
  배려와 협력, 안정되고 조화로운 환경 조성
- ☑ **보완점:**
  갈등 회피, 소극적 의사 표현, 지나친 양보와 희생

안정형 리더는 구성원을 모두 배려하고 섬세하게 소통하며 함께 협력하며 나아가고자 하는 리더이다. 조직의 목표를 구성원 모두가 이해할 수 있도록 설득하는 데에 많은 시간을 할애한다. 구성원 간 갈등이 없고 조화로운 환경을 조성하는 것이 가장 큰 목표이기도 하다. 하지만 갈등 발생 상황을 두려워하여 회피하며, 그로 인해 조직의 목표를 강하게 주장하기 어려워한다. 조직의 목표를 이해시키기 위해 지나치게 긴 시간과 에너지를 소비하기도 한다. 또한 지나친 배려심으로 구성원에게 지시하기 어려운 업무를 본인이 직접 수행하며 희생하는 경우도 발생한다. 조직의 목표를 더욱 대범하게 제시하고, 결단력 있는 업무지시를 시도할 필요가 있다.

신중형 리더의 강점과 보완점

☑ **강점:**
주의 깊은 의사결정, 계획적이고 꼼꼼함, 논리적

☑ **보완점:**
지나친 완벽주의, 세부 사항에 집착, 사생활에 무관심

신중형 리더는 항상 주의 깊이 생각하고 최선의 의사결정을 내리고자 한다. 조직의 목표를 완벽하게 달성하기 위한 구체적 계획을 꼼꼼하게 세우고 이를 성취하기 위해 노력한다. 원칙을 중시하므로 논리적 기준을 바탕으로 조직을 이끌어 가는 이성적인 리더이다. 하지만 지나친 완벽주의와 본인이 설정한 높은 기준 때문에 자신과 타인에게 비판적인 태도를 보이기도 한다. 세부 사항을 파악하고자 하는 욕구가 강하여 질문을 많이 던져 구성원의 입장에서 신뢰받지 못한다는 불안감을 유발할 가능성이 있다. 철저히 계획하는 데에 시간을 할애하여 성과 달성에 다소 시간이 소요될 가능성이 있으니 주의해야 한다. 과업의 정확한 수행을 우선순위로 생각하여 타인에게 인간적 관심이 적은데, 개인적 환경 또한 업무 수행에 영향을 끼치는 요인이므로 구성원 개인의 상황에 관심을 가질 필요도 있다.

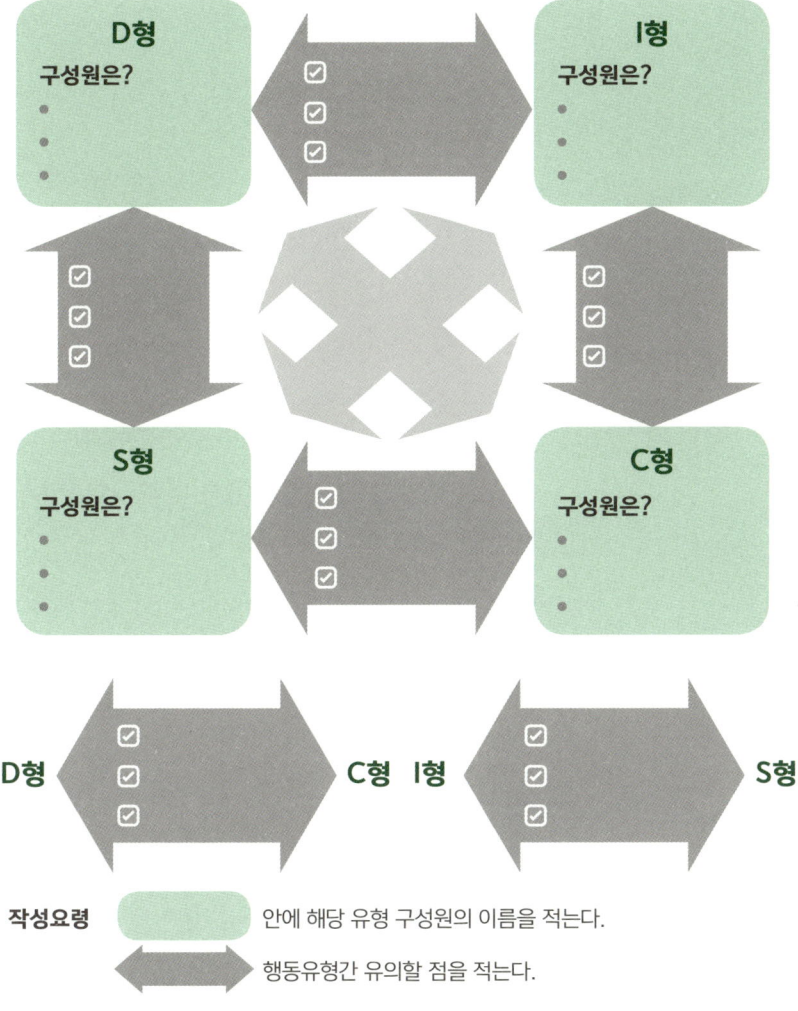

구성원이 회사를 떠나는 이유

:

**구성원의 행동 유형을 이해하고,
동반 성장, 동반 성공의 관점에서 조직 내 문제를 바라봐야 한다**

매년 많은 인재가 회사를 떠나고 있다. 더 많은 연봉이나 더 나은 근무 조건으로도 이들을 붙잡지 못하는 경우가 많다. 취업 업계의 설문조사 결과를 보면, 이직하는 주요 이유 중 '근무 조건'이나 '연봉'이 상위에 올라 있지만, 그에 못지않게 높은 이유 중 하나는 '인간관계'이다. 업무에 대한 과도한 부담이나 열악한 환경보다 직장 상사나 동료와의 관계에 대한 스트레스가 주요 원인인 경우가 많다. 특히 MZ세대는 의사결정이 빠르다. 아무리 좋은 기업일지라도 그들은 마다하지 않고 떠난다. '아니면 아닌 것'이다.

떠나보내는 입장에서는 그들이 '철새'처럼 쉽게 생각하고 판단한다고 생각할 수도 있겠지만, 그들 역시 얼마나 많은 날을 고민했을까?

　일차적으로 직장 상사나 구성원들과의 관계만으로 한정해 본다 해도, 이 역시 쉽게 생각할 문제가 아니다. 상사나 동료와의 관계가 나쁘면 하루하루가 지옥 같을 수 있다. 잠자는 시간을 빼고 하루 중 가장 많은 시간을 보내는 곳이 회사, 직장이다. 매일 얼굴을 마주하고 함께 일해야 하는 사람과의 관계가 나쁘다면, 회사가 지옥이 될 수밖에 없다.

　필자는 경험적으로 이러한 스트레스를 이기지 못하고 퇴사하는 경우, 당사자는 새로운 조직 적응에도 부담감을 가지게 되고 기존 조직에서 남아 있는 구성원들도 어느 정도의 기간 동안 분위기가 저하되며 어려움을 겪는 경우를 자주 보았다. 악조건에서 목표를 달성하고 인센티브만으로 보상받는 시대는 지나갔으며, 다시 돌아올 리도 없다.
　구성원의 행동 유형을 이해하고 육성하여, 동반 성장, 동반 성공의 관점에서 조직 내 문제의 핵심이 무엇인지 명확하게 파악하여, 소위 본말이 전도되어 엉뚱한 방향으로 분위기가 흐르지 않도록 상호 노력을 병행해야 한다.

제 3장
성과 창출을 위한 전진

성과 창출에 대한 리더의 관점

·

구성원과의 소통을 통해 도전적인 자체 목표를 설정하고
지속적인 성과 창출의 선순환 구조를 이루는 것

지금까지 리더로서의 마인드 셋 그리고 구성원과의 소통 방법에 관해 설명하였다. 이 장에서는 성과 창출에 대한 관점에 대해 이야기하고 성과 창출의 가장 중요한 이슈인 '과정의 중요성'에 대해, 그리고 과정의 중요성을 가장 잘 실행할 수 있는 PDCA에 대하여 설명하고자 한다.

다시 한번 강조하지만, 리더는 조직의 핵심이자 조직의 꽃이다. 어느 조직에 성과 창출을 위한 훌륭한 자원이 충분히 준비되어 있다고 할지라도, 리더의 역할에 따라 그 성과는 엄청난 차이를 보이게 된다. 그리고 구성원과의 소통과 실행을 통해 창출한 성과로 조직에 기여하는 것은 리더가 수행하는 업무 중 가장 빛나는 부분이다.

리더는 누구나 탁월한 성과로 조직에 기여하고 성취감을 느끼기를 원한다. 하지만 단순히 조직에서 주어진 목표만을 위해 결과에 매달린다면, 설령 목표를 달성한다고 할지라도 일회성에 그칠 가능성이 크고 시시각각 변하는 시장 환경에 대응하기 쉽지 않다. 그로 인해 조직의 방향성을 잃게 되는 경우도 흔하게 볼 수 있다. 그리고 주어진 목표를 100% 이상 달성하는 것만으로는 리더로서 갖춰야 할 덕목을 모두 만족시킨다고 하기는 어렵다. 리더는 조직을 주도하는 힘과 그에게 맞는 주체성, 능동적인 자세도 보여줘야 한다.

실행 과정의 올바른 프로세스를 전제로 한 지속적인 성과 창출, 이것이 이 장에서 논하고자 하는 성과 창출에 관한 관점이다.

리더의 관점에서 성과 창출의 과정을 정의하자면 다음과 같다. '원활한 소통으로 조직의 목표 의미를 공유하고, 주도적이고 높은 자체 목표를 설정하며, 구성원의 역량과 잠재적인 에너지를 실행 동력으로 구체화하여, 최적의 과정 관리를 통한 지속적인 성과 창출의 선순환 구조를 만드는 것'이다.

좀 더 구체적으로 내용을 풀어 정리하면 아래와 같다.

1. 구성원과 원활하게 소통하여 동기를 유발: DISC
2. 조직의 목표를 주도적으로 설정하고 도전적 목표 수립
3. 달성할 수 있는 계획 수립
4. 구성원의 역량으로 실행
5. 문제 발생의 원인 분석
6. 보완책을 실행 계획에 반영하여 성과 창출
7. 올바른 과정의 반복을 통한 지속적인 성과 창출 선순환 구조를 만드는 것

< 과정의 반복을 통한 지속적인 성과 창출 선순환 구조 >

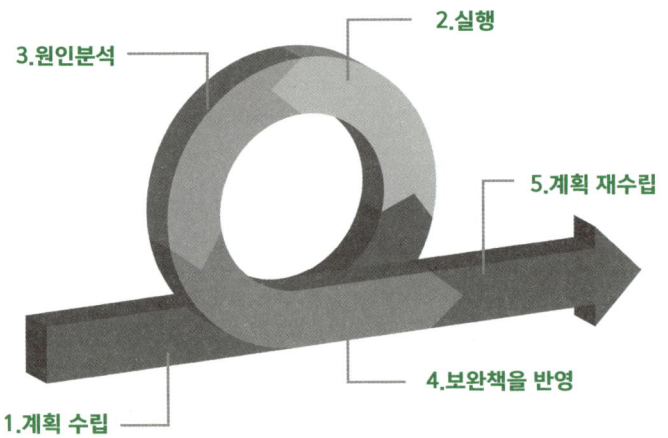

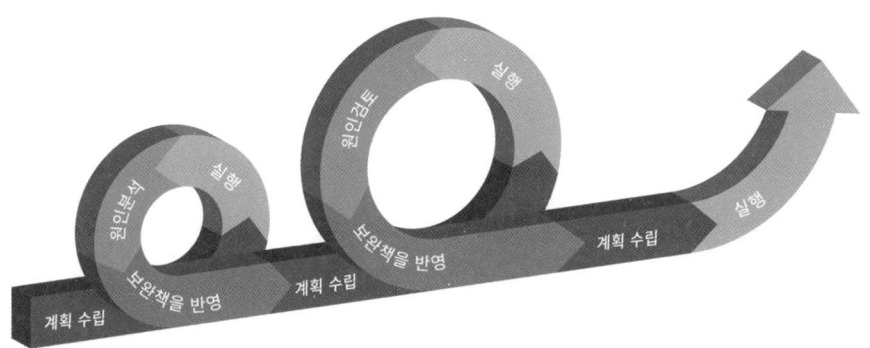

그러나 실제 현장에서는 이러한 이상적인 과정보다, 상위부서에서 하위부서로 전달하는 '목표 달성'이란 메시지 중심으로 실행되는 경우가 많다. 판매조직의 예를 들자면, 과정에 대한 철저한 준비 보다 구성원에게 '판매 목표'를 부여하고, 이를 달성하면 인센티브를 지급하고 미달성 시 페널티를 부여하는 방식이 대표적이다.

전사를 대상으로 한 인센티브나 페널티 제도는 성과 창출을 위한 동기부여 관점에서 활용해야 하는데, 일부 리더들은 판매 목표 달성에 따른 인센티브 강조와 동시에 미달성 시 회사로부터 주어지는 페널티의 엄격함을 강조하는 방식으로 구성원을 독려한다. 이는 리더 본인의 활동 영역을 제대로 확보하지 못한 경우에 주로 발생한다.

어떤 리더는 위와 같은 방식의 성과 창출 단계는 이상적인 이야기이며, 현장의 이해가 부족하거나 현장 경험이 없는 리더나 하는 얘기라고 할 수도 있다. 이에 대한 필자의 의견은 간단하다. 이러한 과정 관리를 통한 성과 창출 경험이 적은 리더의 편견 일 수도 있다고…

현장 조직의 경우 대부분 월 단위 성과로 기초평가가 이루어지고, 분기 혹은 연간 단위로 조직의 평가가 이루어진다. 필자의 리더 경험은 처음부터 마지막까지 22년 동안 오로지 판매 성과만으로 평가받던 조직에 몸담았던 경험뿐이다. 월 단위나 연간 단위의 영업 평가 목표에서 한 번도 벗어난 적이 없었다.

매달을 우수한 성과로 마무리할 수 없을 것이고, 매년 성과가 좋을 수도 없다. 그리고 특정한 연도의 성과를 뚜렷하게 기억하지도 못한다. 기억에 남는 것은 그해 현장 여건이 어떠했다는 점이고, 구성원과 어떤 소통을 통해서 성과를 끌어냈는지에 대한 과정뿐이다.

지금은 어떤 회사나 조직도 성과와 무관하거나 고객의 선택에서 자유롭지 못하다. 고객과의 1차 응대 접점이 아닌 스텝 부서도 현장 중심의 지원 여부에 따라 성과 창출의 기여도가 결정되게 된다. 그리고 시장 환경은 더욱 고도화되고 고객의 눈높이는 상향 평준화되어 과정 관리의 중요성은 이제 선택이 아닌 생존을 위한 필수조건이 되었다.

물론 어느 조직이나 단순히 결과만으로 독려하지는 않을 것이다. 하지만 문제는 과정 중심의 업무가 차지하는 비중이다. 오로지 결과만으로 독려한다면 무늬만 리더일 뿐, 진정한 의미의 리더라고 보기 어렵다. 그런 경우는 단순 관리 책임자 정도로 봐야 할 것이다.

성과 창출을 도와주기 위해서 회사 조직에서 사용하는 방식이 메인 공식이 되어서는 곤란할 것이다. 그래서 리더는 성과 창출을 위해 주어진 여건이나 자원을 확인하고 리더 자신이 구성원과 함께 일할 수 있는 영역을 반드시 확보해야 한다.

앞서 리더가 조직의 핵심이고 꽃이라고 비유한 이유가 바로 이것 때문이다. 어느 회사나 성과 창출을 위해 여건 조성에 최선을 다하지만, 그 필요충분조건을 늘 만족시키지는 못한다. 때로는 물리적 시간이 부족한 상황에 놓이기도 하고, 여러 자원이 부족한 경우도 있다. 구성원과 소통하고 자체 목표 설정을 통해 이러한 여건을 극복하여 구성원과 함께 성취감을 이루어 나가는 것, 이것보다 멋진 리더의 역할이 무엇이겠는가.

성과 창출이 어려운 이유

**충분한 시간과 자원이 부족한 상황에서는
구성원과 소통하고 역발상을 하는 리더가 되어야 한다**

성과 창출의 전반적인 상황을 살펴보기 전에 성과 창출이 어려운 상황에 대해 알아보자.

어느 조직이나 달성 가능하듯이 보이는 계획을 세웠으나 결과가 좋지 못한 경우가 있다. 또한 매우 괄목할 만한 성과를 낸 조직이 그 성과를 지속하지 못하거나, 또는 결과가 단기간 하락하여 구성원의 사기가 급격하게 떨어지는 경우도 매우 많다. 이유는 왜일까?

성과 창출에 대한 기여도는 당연히 정량적이고 객관적인 결과 수치로 나타난다. 그리고 그러한 결과가 나오기 위해 치열하게 수

반되는 수없이 많은 과정의 실패와 개선을 통해 얻어지고 소통을 기반으로 한 구성원의 역량과 에너지가 자발적이고 주도적으로 형성되어야 하는데, 실제로는 그렇지 못 한 경우가 허다하다.

앞에서 언급한 성과 창출의 기본적인 개념을 다시 나열해 보자.

1. 구성원과 원활하게 소통하여 동기 유발
2. 조직의 목표를 주도적으로 설정하고 도전적 목표 수립
3. 달성할 수 있는 계획 수립
4. 구성원의 역량으로 실행
5. 문제 발생의 원인 분석
6. 보완책을 실행계획에 반영하여 성과 창출
7. 올바른 과정의 반복을 통한 지속적인 성과 창출의 선순환 구조를 만드는 것

대부분 문제의 원인은 1~4번 항목 중에서 찾을 수 있을 것이다. 구성원과 조직 내에서 달성할 목표에 대해 충분하게 소통하지 못하고 일방적으로 진행한다든지, 도전적인 목표는 고사하고 실행 가능성이 없는 형식적인 달성 계획 수립으로 인해 이미 시작 전에 사실상 성과 달성의 주도권을 상실하는 경우도 다반사다.

따라서 성과 창출이 안 되는 주요한 상황은 아래 두 가지 경우이다.

첫째, 구성원과 목표 달성에 대한 소통이 부족한 경우
둘째, 목표 설정에 대한 계획이 실효성이 없는 경우

위 두 가지에 대해서는 이 책에서 전반적으로 언급하고 있으니. 위 항목 외에 발생하는 상황을 정리해 보자.

1. 리더의 조급함에 대한 관점이다

성과를 창출하고 얻는 성취감과 만족도는 누구에게나 큰 보상이다. 하지만, 이러한 성과를 얻기 위한 조급함이나 여러 '유혹'은 때로는 성과의 크기만큼 큰 부담으로 다가올 수 있다.

1장에서 언급했듯이, 리더는 자신의 강점을 알아야 하며, 부족한 부분은 구성원과 함께 보완해 나가는 과정을 거쳐야 한다. 그러나 결과, 즉 숫자에만 초점을 맞추게 되면 이러한 조급함이 생겨날 수 있다. 계획의 타당성을 검토하고 지속해서 확인하는 것이 중요하지만, 구성원에게 결과의 숫자만을 강조하고 압박하는 것은 바람직하지 않다. 이러한 접근 방식은 조직 내에서 성과 미달은 물론, 소통 문제를 야기할 수 있다.

더욱이 이러한 조급함과 압박으로 인해 단기적으로는 성과를 달성하는 것처럼 보일 수도 있으나, 대부분이 외부 요인에 따른 것이며, 지속성이 부족하다. 따라서 일정 시간이 지나면 그 부작용이나 후유증에 직면하게 될 가능성이 높다.

조급함이라는 감정은 다양한 원인에서 비롯될 수 있다. 그중에서도 특히 리더의 조급함이 어디서 비롯되는지를 분명히 이해하고 구분하는 것은 중요하다.

예를 들어, 디스크 행동 유형에서 언급하는 것처럼 주도형의 리더는 그 자체로 강력한 추진력을 갖추고 있을 수 있다. 이러한 추진력 자체는 강점이지만, 구성원과의 충분한 소통 없이 이를 발휘할 경우, 구성원들에게는 조급함으로 인식될 위험이 있다.

또한 상위 조직의 리더 관점에서 보면, 각 단위 조직의 리더가 어떻게 구성원과 소통하고 리딩 하는지에 따라 차이가 있다. 어떤 리더는 능숙하게 소통하고, 계획을 세우며 구성원들을 몰입시키는 환경을 만들어 낼 수 있을 것이다. 그러나 어떤 리더는 소통과 계획 단계에서 필요한 협의 과정을 제대로 거치지 않고, 단순히 결과만을 강조하는 경향이 있을 수 있다. 그리고 이런 리더를 주도형이라고 칭하는 것은 정확하지 않다.

결과적으로, 여기서 언급하는 '조급함'은 단순한 개인의 행동 유형이나 성격의 문제로 국한되는 것이 아니다. 오히려 이는 리더로서 필요한 기본적인 역량이 부족함에서 오는 답답함이나 압박감으로 해석될 수 있다. 따라서 리더로서의 기본 역량을 향상하는 것에 집중하는 것이 필요하다고 볼 수 있다.

조급함이라는 감정은 회사의 다양한 단계에서 발생할 수 있다. 리더가 개인적으로 조급함을 느끼는 것뿐만 아니라, 상위 조직의 리더, 심지어 전체 회사의 분위기로 조급함이 퍼져나갈 수도 있다. 이런 상황에서는 리더가 얼마나 소통을 잘하고, 실천할 수 있는 계획을 세우려고 노력하는지에 관계없이, 상위 조직이나 회사 전반의 환경에 따라 그의 활동 범위나 자율성이 제한될 수 있다. 이 경우, 이러한 조급함의 원인이 무엇인지를 정확하게 파악하는 것이 중요하다.

　조급함의 원인은 다양할 수 있다. 상위 리더의 개인적인 성격이나 리더십 스타일 때문에 조급함을 느끼게 되는 경우도 많다. 회사 스텝부서 자체의 이유나 외부환경의 변화로 빠른 결과를 요구 받을 수도 있다. 그렇다고 해서 모든 회사가 이런 원인으로 조급함을 경험하는 것은 아니다. 단위 조직 리더는 이러한 다양한 상황에 대응해야 하는 위치에 있다. 그들은 회사의 상위 조직과 현장 조직 사이에서 중재자 역할을 하며, 때로는 두 부분의 의견이 충돌할 때 균형감을 가지고 양쪽으로부터의 요구와 기대에 대응해야 한다. 이는 절대 쉽지 않은 일이며, 그만큼 리더의 역량과 지혜가 요구된다.
　종종 회사가 경영상의 어려움 등 비상상황에 처했을 때의 상황은 여기서 다루는 조급함과는 별개의 상황으로 판단하자.

　따라서 성과 창출의 조급함 속에서도 리더는 자신의 입장을 균형적으로 유지하며, 구성원과의 소통에 주력해야 한다. 리더가 자신의 역할을 올바르게 수행하기 위해서는 단순히 외부의 요인, 즉 회사의 시간적 배려나 자원에만 의존해서는 안 된다. 오히려 이런 상황은 리더의 창의력과 유연성을 키우는 좋은 기회로 바라볼 수 있다.

실제로, 완벽한 여건을 가진 회사는 거의 없다. 하지만 그런 어려운 조건 속에서도 성과를 창출하는 리더는 그 능력을 통해 구성원의 존경과 신뢰를 얻게 된다. 부족한 상황에서도 리더의 태도와 접근 방식에 따라 구성원과 함께 성과를 창출하는 것이 가능하다. 이렇게 보면, 리더는 회사의 제한된 자원과 시간을 불만으로 생각하는 것이 아니라, 이를 도전의 기회로 받아들여 자신의 리더십 역량을 더욱 발휘하게 되는 것이다.

2. 목표의 우선순위나 시장 상황이 바뀐 경우이다

시장 환경이나 전사 차원의 문제로 연중에 목표의 우선순위가 바뀌는 경우가 있다. 이 경우 대부분의 리더들이 방향성에 혼란을 가지게 된다. 이것은 외부적인 영향 요소이지만 해결의 역할은 현장리더이다. 내부적인 관리와 소통이 더욱 필요한 상황이다. 최초의 목표를 달성하기 위해 조직의 모든 자원이 그곳에 집중된다. 그러나 진행 과정에서 목표의 우선순위 변경이 생길 경우, 목표에 대한 집중력은 크게 흔들릴 수 있다. 이런 상황은 마치 해발 1,000미터 등반을 목표로 하다가, 갑자기 500미터 등정의 구간에서 다른 산으로 목표를 바꾸어 버리는 것과 비슷하다. 그 결과, 구성원들의 동기와 에너지는 급격히 소모되고, 수동적인 태도로 급변하게 된다.

그렇다고 해서, 회사가 이런 목표 변경의 위험성을 인지하지 못하는 것은 아니다. 때로는 시장의 변동성, 경쟁 상황의 변화 등 외부 요인으로 인해 목표의 우선순위 조절이 필요하게 된다. 이러한 상황은 어느 리더에게나 피할 수 없는 난관으로 다가오며, 현실 상황에서는 꽤 자주 마주하게 된다.

리더의 소통 태도와 방식은 이런 상황에서 매우 중요하다. 리더가 여전히 에너지를 잃지 않고 구성원들에게 적극적으로 다가가며 도전해 보자는 메시지로 단순하게 전달한다면, 그 메시지는 의미가 있을 수 있으나 구성원들은 새로운 목표에 대한 믿음이나 동기를 얻기 어려울 수도 있다. 심지어 새로운 목표가 예전보다 더 쉬워진다고 해도, 그것이 구성원들에게 즉시 긍정적인 동기를 부여하기는 어렵다.

따라서 리더는 먼저 목표 변경의 배경과 이유를 깊게 파악하고 분석해야 한다. 왜 이런 결정이 내려졌는지, 회사의 전반적인 방향성이나 상황 변화에 따른 필요성은 무엇인지, 아니면 처음부터 잘못된 방향을 설정한 것일지 등 모든 가능성을 고려해야 한다. 조직의 리더라면, 이러한 정보를 내부에서 충분히 얻을 수 있을 것이다.

만약 목표가 변경되어야 했다면, 리더는 이를 기회로 삼아 자신의 통찰력을 키우고, 변경된 상황과 그 이유를 구성원들과 공유해야 한다. 이렇게 함으로써 구성원들의 동기를 다시 일으키고 함께 새로운 도전을 위한 힘을 사전에 준비해야 한다.

3. 과거 실패 이유에 대한 철저한 원인 분석이 안된 경우 / 실행 중 이슈 대처에 미흡한 경우이다

과거의 실패 경험에 대한 원인분석이나 교훈이 철저하게 파악되어 구체적으로 개선영역에 반영되지 않을 때 이런 문제가 발생한다. 실패의 원인에 대한 깊은 분석과 토론, 그리고 앞으로의 대책을 마련하는 과정이 종종 생략되기 때문에, 구성원들은 실패의 상황만을 단편적으로 기억하게 된다. 이런 상황에서는 단편적인 경험이 떠올려져 새로운 계획을 진행할 때에도 중요한 요소를 놓칠 수 있어, 종종 더 큰 실패로 이어진다.

예를 들어 새로운 판매 방식 도입을 제안했을 때 단편적인 경험으로 '그거 몇 년 전에 해봤는데 실패했어요.'라고 단정되는 경우이다. 현장의 속도감을 생각하면 가장 놓치기 쉬운 영역 중 하나이다.

실행 중 이슈 대처에 미흡한 경우는 현장이나 시장 상황이 실행계획과 정확히 맞추어 전개되지 않아 처리해야 할 이슈가 발생했을 때 리더의 판단과 대응이 부족했을 경우이다.

이슈 대처의 영역은 상시 발생하는 단계이고 리더의 역량 수준이 판단되는 중요한 단계이다.

실제로 위에서 언급한 3가지 유형 외에도 실패의 원인은 다양하다. 그렇다면 이런 난관에 직면했을 때, 현장에서 리더는 어떻게 해야 할까? 우선 리더는 문제의 본질을 파악하고 그에 맞는 대응책을 마련하는 것이 중요하다. 외부의 여러 변수에도 불구하고, 리더는 자신의 역할과 책임 범위 내에서 문제를 해결할 영역을 찾고 실행해야 한다.

그렇다면 구체적으로 리더가 직면하는 영역과 그 해결책은 무엇일까? 이미 언급된 여러 문제처럼, 리더는 다양한 원인으로 인해 목표 달성에 어려움을 겪을 수 있다. 하지만 해결의 핵심은 간단하다. 외부의 큰 변수나 상황에 의해 리더의 행동반경이 제한될 수 있지만, 리더는 그럼에도 불구하고 구성원들과 소통하고 협력하여 문제를 극복해 나가야 한다. 이것은 단순히 목표를 달성하기 위함이 아니라, 팀 전체의 조직적인 리듬과 흐름을 유지하기 위한 것이다. 리듬과 흐름이 유지되는 조직은 외부 환경의 변화에도 즉시 대응하고 도전할 준비가 되어 있다.

차상위 리더의 지원을 확보하면서 실행할 수 있는 영역을 확장하는 것은 어떻게 이루어질까? 단위 조직의 일을 관리하는 것뿐만 아니라, 차상위 리더로부터의 결의와 지원을 받는 것은 필수적이다. 이것은 앞서 언급한 것과 유사한 시각에서 보는 문제이지만, 단순히 물리적 자원의 지원에 국한되는 것이 아니다. 새롭게 정립된 팀의 활동 방향에 대하여 차상위 리더와 함께 구성원과의 의사소통을 통해 공식적인 지지와 응원을 받는 것을 의미한다.

실제로, 물리적인 목표를 이루기가 어렵다고 해도, 단위 조직에서의 역할을 제대로 수행하는 것은 리더로서 큰 도전이다. 즉각적인 구성원의 협력을 얻는 것은 쉽지 않으며, 때로는 그들의 반발에 부딪히기도 한다. 그러나 더 큰 그림에서 보면, 리더가 이러한 어려움을 극복하며 문제의 핵심을 파악하고 구성원을 설득하는 모습은 참된 리더의 품성을 보여준다. 구성원들은 리더의 노력을 보며 내면적으로 리더에 대한 신뢰를 점점 쌓아갈 것이다. 이런 노력이 리더와 구성원 간의 연대감을 높여, 다음 단계의 성공 확률을 증대시킨다. 그리고 이런 과정 자체가 조직 내에서 '우수한 사례'로 기억되며, 그 의미는 단순한 목표 달성 이상이다. 모든 리더는 과정의 중요성과 그 안에서의 실천과 실행력이 중요하다는 것을 알고 있다.

목표와 목적의 구분

:

**목표와 목적을 구분하고 자신의 업무에 명분을 부여하는 것은
리더로서 성과 창출의 핵심 원칙이다**

영업 조직에 새로 부임한 리더가 아래 두 가지의 조직 내 메시지를 보았다고 가정하자.

1. 구성원의 잠재 역량을 적극 개발하여 회사에 가장 크게 기여하는 우수한 인재로 만드는 것
2. 이번 달 목표를 반드시 달성하는 것

당신이 신임 리더이고 하나를 선택하라고 한다면, 1번과 2번 중 어떤 것을 골라 성과 창출을 달성하기 위해 노력할 것인가?

"왜 일을 하는가?"

일본의 교세라 창업자이자 '경영의 신'이라고도 불리는 이나모리 가즈오의 저서 『왜 일하는가』를 읽은 뒤, 나의 조직 생활에 많은 변화가 있었다. 직장인 추천 도서로서도 유명한 이 책은, 구성원이 조직 생활을 하면서 가져야 할 기본적인 가치관 그리고 자세와 태도에 대해 매우 잘 정리한 책이다. 본 저자 역시 신입사원과의 간담회에서 내 생각을 담아 선물하는 책이기도 하다.

이 책은 아래와 같은 질문을 던지며 본문으로 들어간다.

"왜 그 일을 하는가?
그 일을 통해서 당신은 무엇이 되길 꿈꾸는가?
끌려다녀서는 아무것도 제대로 할 수 없다.

일도, 그리고 인생도"

이 책의 소제목은 '지금 당신이 가장 뜨겁게 물어야 할 첫 번째 질문'이다. 소제목은 이 책의 제목보다 더 구체적으로 이 책이 전달하고자 하는 메시지를 보여주고 있다.

그렇다면 본 저자가 성과 창출 실무에 관해 이야기하다가 갑자기 '왜 일을 하는가?'라는 다소 철학적인 질문을 던지는 이유가 무엇일까? 이 책에서 전달하고자 하는 내용 중 중요한 한 가지가 내가 하는 일의 목적을 명확하게 하는 것이기 때문이다.

또 하나 요코타 히데키의 『회사의 목적은 이익이 아니다』라는 책에서도 목표와 목적에 대해 구체적으로 설명하고 있다.

요코타 히데키는 다음과 같이 말했다. 회사의 목적은 매출이나 이익이 아니다. 이익이나 매출은 목표이다. 회사의 목적은 "직원들을 행복하게 한다"와 같이 '그렇게 되고 싶다.' 혹은 '그러한 바램의 표현'이다. 회사는 매출이나 이익 등의 목표가 아니라 그 '목적'을 소중하게 여기지 않으면 안 된다고 적고 있다. 그리고 목적을 '방향'으로 규정하여, '의지', '꿈', '마음', '생각' 등의 '질(質)'로 정의하고 있는 반면, 목표는 '거리' 개념으로 규정하고 '구체적인 실천 사항', '수치' 등의 '양(量)'적 개념으로 정의하고 있다.

경영자 입장에서는 회사의 매출이나 이익 등의 목표보다 목적을 중요하게 생각하는 구성원에 대해 불안감을 느낄지 모르나, 목적을 더 중요하게 의식한다고 해서 목표를 무시하는 구성원은 거의 없기 때문이라고 설명한다. "목적을 위해 '100'을 노력한다면, 목표도 자연스레 '80'은 좋아지는 법"이기 때문이다.

두 책이 나의 인생과 리더로서의 가치관에 변화와 영감을 주었던 핵심은 수동적일 수밖에 없는 회사 구성원으로서 주어진 목표를 새로운 시각에서 해석하고, 그것을 자기 개인 성장 및 조직 구성원의 발전과 연계하여 계획을 세웠다는 점이다. 이는 단순히 근로 계약의 관점에서 조직에 속한 구성원으로서 업무를 수행하고 급여를 받는 것을 넘어, 조직 내에서 개인의 인생 목적을 명확히 하고 그 목적을 달성하기 위한 내 나름의 계획과 일정을 수립하는 관점을 의미한다.

리더 직을 수행하면서 추구하는 목적은 구성원으로부터 존경받는 것, 조직 구성원들의 잠재력을 개발하여 그들이 회사에서 최상의 기여를 할 수 있도록 하는 것, 그리고 조직 내에서 최고로 인정받는 리더로 성장하는 것과 같이 여러 가지 형태로 나타날 수 있다. 이러한 목적을 가져야만 회사에서 주어진 목표를 성공적으로 달성하고 성과를 창출하기 위한 기본 필수조건이 마련되는 것이다.

목적을 명확히 한 사람은 "목표를 달성하여 성과를 창출한다"라는 문장도 "지속 가능한 성과를 끌어내는 프로세스를 수립하여 구성원이 항상 행복하고 신나게 일하는 환경을 조성한다"라는 문장으로 재해석하고 일하고 있을 것이다.

리더가 '내가 하는 일의 목적'을 가져야 하는 이유는 이 책의 주요 메시지 중에서도 가장 중요한 부분이다. 이 책에서 주목해야 할 내용은 대표이사의 관점 및 도전적인 목표 설정과 같은 두 가지 명확한 메시지뿐만 아니라, 리더로서 일의 목적을 명확히 하는 것이 중요하다는 것을 공유했으면 좋겠다. 목적을 정하고 이를 목표로 전환할 수 있다면, 행복한 리더로 나아가기 위한 첫걸음을 내디딘 것이다. 일의 목적 설정은 리더뿐만 아니라 모든 구성원에게 적용되어야 하며, 목표와 목적을 구분하고 자신의 업무에 의미를 부여하는 것은 리더로서 성과 창출의 핵심 원칙이다. 이 책에서 가장 강조하고 싶은 내용이다.

일의 목적을 찾아서

구성원이 일의 목적을 찾아가는 과정에
리더는 훌륭한 길잡이가 되어야 한다

'당신의 꿈이 무엇이냐'라는 질문은 우리가 살면서 흔히 주고받는 질문 중 하나이다. 이런 질문에 "부자가 되는 것"이라는 답을 어렵지 않게 들을 수 있다. 하지만 부자가 되는 것을 금전적으로 풍요로운 결과만을 추구하는 것으로 본다면 어떻게 될까? 투자를 명목으로 한 가상화폐나 주식 리딩방 등의 금전 사기의 위험이 많은 지금, 금전적인 풍요만을 인생의 목표로 삼기에는 너무나 많은 리스크가 존재한다.

가장 쉽게 부자가 되는 것은 로또에 당첨되는 것이다. 확률이란 현실적인 문제가 있으나, 노력 대비 극적인 결과를 가져온다. 하지만 과정 없이 '운'에 의해 로또에 당첨된 사람들이 행복하게 사는 경우도 있지만, 그렇지 않은 경우도 있다는 걸 언론과 미디어를 통해 보고 들은 바 있다.

'부자가 된다'는 것과 인생이 '행복하고 풍요롭다'는 것이 다른 의미라는 것을 알고는 있지만, 많은 사람들은 여전히 부자가 되는 것에 우선을 두고 있다. 우리가 추구하는 꿈인 '부자가 되는 것'은 단순하게 금전적 이득이 많은 것이 아닌 '자기 계발과 가치 있는 자신의 일을 통한 금전적 보상을 지속적으로 받을 때' 그 만족도도 높을 것이다.

우리의 구성원은 이에 대해 어떤 관점을 가지고 있을까?

새내기 구성원에게 꿈이 무엇이냐고 묻는다면 역시 승진, 높은 연봉, 성취감 등이 일반적인 답변일 것이다. 하지만 승진, 높은 연봉 등 역시 지극히 결과 중심의 목표로, 올바른 과정이 전제되지 않는다면 여러 가지 어려움에 봉착할 것이다. 리더 또한 구성원의 이러한 일차적인 욕구를 채워주기란 쉽지 않다.

전술한 바와 같이 구성원에게도 일의 목적을 찾아주는 것이 중요하다. 하지만 따지고 보면 회사 조직 내 리더와 구성원으로 함께 활동하는 기간은 그다지 길지 않을 것이다. 규모가 큰 조직의 경우 기간이 짧으면 1년, 길게는 2~3년인 경우가 대부분이다. 물론, 개인 사업이나 중소기업의 경우는 다르겠지만, 이 기간 중 구성원 개인의 가치관에까지 리더가 개입해야 한다는 것이 무리한 시도라고 생각할 수도 있다. 현실은 정말 그렇게 어려운 것일까?

개인적인 경험을 이야기하자면, 단순하게 목표를 달성해서 얻은 성취감은 특별한 경우를 제외하곤 크게 기억이 남지 않는다. 판매조직의 경우 언제나 높은 목표를 부여받는다는 압박감에 시달렸고 월 단위 기간 평가나 연간 단위의 평가는 순환적으로 반복되었기에 목표 달성의 요구 자체가 계속되는 '일상'적 생활이었다. 결과 중심의 목표 독려는 구성원이나 리더 모두에게 피곤한 일상이 될 가능성이 높다.

나의 기억에 남는 장면은 회사의 지원이 경쟁사에 비해 효과적이고 우월한 조건에서 목표를 달성했을 때보다, 경쟁 여건이 열악하고 팀 내 인적 구성원이 부족했음에도 일에 대한 의미와 목적 설정을 통해 구성원과 함께 성과를 이루었을 때이다. 되돌아보면 단순하게 목표 달성을 위해 구성원을 독려한 것보다, 우리가 하는 일의 의미가 지금 이 순간 회사에 어떤 의미가 있고 또한 우리 스스로가 어떤 목적을 가지고 있는지 명확하게 공유하고 구성원들과 합의를 이루어 내는 것이 회사에서 지원하는 그 어떤 프로모션 정책보다 구성원에게 강력한 동기유발을 가져왔다.

필자가 적용했던 한 사례를 들어본다.

흔히 사무실에 동기부여를 위해 구호를 담은 현수막을 걸곤 한다. 특히 영업 조직의 경우 보통 "전사 1등 달성", 또는 "목표 100% 달성" 등의 구호를 달고는 했다. 필자는 조금 다른 발상을 해봤다. 당시 지점 사무실에 걸려있던 현수막 구호는 이러했다.

"나라를 구한다"

지점장으로 활동하던 어느 시점, 경쟁사와 비교한 자사의 경쟁력은 열세였고, 매일매일 진행되는 단기성과의 압박은 구성원 전체의 사기를 점점 저하시켰다. 상황을 돌파할 만한 회사의 메시지를 찾기도 쉽지 않았다. 중간 리더인 나의 역할도 제한적이었다.

어려운 상황을 돌파하는 나의 아이디어는 엉뚱하지만 우리가 하는 일의 가치에 '품격'을 부여하는 것이다. 우리가 하는 활동이 단순히 성과를 위해 하루하루 고객을 유치하는 일이 아닌, 고객 관점에서 정성을 다하고 우리의 간절함과 정성을 고객이 알아 주고 그것이 우수사례가 된다면 그것은 회사를 어려움에서 구하는 일이고, 나라를 구하는 것과 무엇이 다른 것인가 라고 나는 해석하였다. 지금 생각하면 부끄러운 수준의 이야기지만, 나와 우리 구성원의 선택의 폭은 넓지 않았고 이것이 최선이었다. 구성원들에게 진심으로 호소했던 그 경험은 지금도 생생하다. 실제로 이런 발상은 우리 조직에 큰 동기부여가 되었다.

또 다른 사례는 현장 접점의 고객서비스 만족도에 관한 것이다. 당시 본사에서 직영으로 운영하는 매장과 대리점에서 운영하는 매장 50여 개를 관리하고 있었다. 접점에서 고객을 응대하는 인원들의 응대 수준과 교육수준이 천차만별이다 보니 고객 응대 시 고객만족은 고사하고 고객 불만도 매일 접수되었다. 현장 직원을 불러서 아무리 설득하고 매장을 찾아다니며 교육해도 한계가 있어 상황은 크게 개선되지 않았다.

그러던 중 실낱같은 희망이 생겼다. 개별로 현장 직원과 인터뷰해 보니 현장 인원들도 고객만족 서비스를 제공하고 싶으나 체계적인 교육 부족, 일사불란한 소통체계 미비, 개인별 잦은 입·퇴사 등 나름대로의 고민을 가지고 있었다. 모든 것을 한 번에 해결할 수는 없었지만 현장 인원들도 개선하고 싶지만 방법을 찾지 못하는 상황을 알고 나니 '해보자'라는 용기가 생겼다.

일단 지점 차원에서 일사불란한 소통체계 구축이 우선이었다. 단순한 업무 전달의 영역이 아니었다. 단순한 판매보다 고객이 만족하는 판매와 서비스를 제공해야 하는 '일의 목적'에 대해 50여 개 매장에 근무하는 직원들과 공감대를 형성하는 것이 중요했다.

필자가 시도한 방법은 카툰에 관심 있는 아르바이트생을 채용하고, '왜 고객이 만족하는 서비스를 해야 하는지'에 대해 일주일에 한 가지씩 주제를 정하고 10페이지 분량의 카툰을 만들어 공유하기 시작한 것이다. 카툰 형식이라 흥미 있어 할 것이고 주제를 현장감 있게 제작하면 현장에 메시지를 정확하게 전달할 수 있는 효과적인 소통체계를 확보할 수 있을 것이라는 판단에서였다.

카툰 전문가를 채용할 여건은 안 되니 관심이 있는 대학교 휴학생을 채용해서 밤늦게까지 최적의 스토리를 만들기 위해 매달렸다.(이일을 핑계로 업무시간에 다른 일에 소홀히 할 수도 없었다.)

카툰에 사전 지식도 없고 처음 하는 일이니 시간은 더디기만 했지만 첫 제작물이 나왔다. 복사기로 매장 수만큼 복사하여 전 매장에 배포하였다. 반응은 적었다. 다들 호기심을 보였으나 하나의 제작물로 현장이 바뀔 리 없었다.

그러나 한 주가 지날 때마다 나오는 카툰 형식의 제작물에 친근한 매장 이름과 접점 인력이 주인공으로 등장하다 보니 현장의 관심이 커졌고 어느 순간 나와 우리 구성원의 진심이 전달되기 시작했다.

새로 부임한 리더가 '불친절하지 말라'는 지시 중심보다 현장 관점에서의 목적과 이유를 카툰 메시지로 전달하는 새로운 방식이다 보니 일부 인원들은 나에게 응원의 메시지로 화답하고 현장의 분위기는 빠르게 개선되었다.

 분위기가 전환되고 현장에서 카툰과 함께 만나는 현장 인원들은 실적에만 관심 있는 판매사원이 아닌 조금 더 일의 목적과 가치를 알고 근무하고 싶었던 대한민국의 멋진 청년이었다.

 2년 남짓 지속하다 보니 그 내용도 상당해져, 나중에는 이를 모아 책으로 발간해 조직 내 모든 구성원과 파트너사에 나누어 주었다. 구성원과 '일의 목적'이라는 주제로 함께 에너지를 모았던 그 기억이 지금도 생생하다.

구성원이 조직에 바라는 것은 성과 달성을 위한 충분한 리소스와 성과에 대한 정당한 평가를 통한 연봉 인상 및 승진 등의 보상이지만, 이는 당장 모두의 눈앞에 보이는 일부에 불과하다. 그들이 직장에서 얻고자 하는 것은 이러한 금전적 보상 이전에 본인이 주체로서 조직에 기여하고 업무 진행을 통해 성취감을 얻는 것이다. 단순히 금전적 보상을 바라는 사람은 이미 그 조직을 떠나고 없다고 봐도 무방하다.

1장의 '나는 어떻게 리더가 되었는가'에 대해 다시 한번 생각해보자. 나의 업무적인 강점이 리더가 된 중요 요소였다면 이제는 구성원에게 업무의 의미 부여와 수행 시 발생할 수 있는 상황에 대처하는 능력, 회사에 기여하는 의미를 구성원과 공유하는 것이 리더로서 필수조건이 된다.

업무 수행 단위가 아닌 직장 생활 전체를 볼 때, 구성원 개인별로 일의 목적을 설정하는 것은 지극히 개인적인 사고의 영역이라고 할 수 있지만 향후에는 리더의 기본적인 역량의 핵심이 될 수 있는 부분이다. 구성원도 조직 생활을 통해 여러 명의 리더를 만나게 되고, 성공적으로 성장하고 있다면 필연적으로 본인의 조직 생활에 영향을 준 리더가 있을 것이다. 그리고 그 리더의 영향을 받아 또 다른 성공적인 리더의 모습을 꿈꾸며 생활할 것이다. 그런 좋은 리더는 어떤 모습일까? 앞서 얘기한 대로 일에 대한 직무역량에 도움을 준 리더에게도 고마움을 느끼겠지만, 무엇보다 일의 목적에 대한 정확한 좌표를 알려준 리더라면 평생의 '정신적 동반자'로 여길 것이다.

> 내 경험을 기반으로 개발된 고객 응대 방식이 회사에 크게 기여하고, 회사 매뉴얼의 일부가 된다면 구성원들의 성취감은 어느 정도일까?

> 회사 업무와 병행하면서 업무와 관련된 나만의 관심 분야를 설정하고, 업무 수행 중 관련된 인사이트 역량을 향상시켜 회사에 단순한 개선 제안이 아닌 발전적인 제안 모델을 제시하는 것은 개인적으로 어떤 성취감을 줄까?

> 고객 응대 과정에서 고객뿐만 아니라 파트너사들도 회사의 서비스를 더 잘 이해할 수 있도록 플랫폼을 개선하는 데 관심을 가지고 소통한다면, 단순한 업무 전달 이외에 어떤 효과가 있을까?

단순 업무만 수행하는 '직장인'이 아닌, 목적을 정확하게 설계한 예시들이다. 일에 대한 목적은 나의 조직에 나만이 도움이 되는 일을 찾아 해내는 탁월한 일인자가 되는 것일까? 리더는 구성원이 일의 목적을 찾아가는 과정에 훌륭한 조력자가 되어야 한다. 결과 관점에서 '회사에서 전달된 것이니 어쩔 수 없이 하라'라는 태도는 곤란하며, 이런 리더는 성취감과 성공의 대열에서 도태될 가능성이 크다.

또한 일에 대한 목적에 대해 구성원과 소통하는 것은 구성원의 계약 형태와 무관하다. 정규직이 아닌 단기 아르바이트로 조직과 함께하는 구성원이라도 근무 기간과 무관하게 하루라도 우리 조직과 함께 업무를 수행한다면, 동일하게 일의 목적에 대해 논의하고 동기를 부여함으로써 본인이 조직에 기여하는 훌륭한 조력자로서의 의미를 경험하게 해주는 것이 중요하다.

성공한 사업가나 리더의 경우 함께 어려운 상황에서도 조력해 준 직원이 있었던 사례를 어렵지 않게 찾을 수 있다.

목표 달성과 KPI

:

리더가 일의 목적을 명확히 하여
실행력이라는 에너지를 장착해야 한다

    회사에서는 KPI(Key Performance Indicator: 핵심성과지표)라는 항목으로 연간 혹은 특정 기간을 정해 단위 조직이 달성해야 할 목표를 제시하는 경우가 많다. 그리고 리더는 주어진 KPI 달성을 위해 구성원과 소통하고 달성 방안을 수립하여 실행한다. 대부분의 KPI는 목표를 명확히 하기 위해 정량적인 숫자로 표시한다. 매출, 영업이익, 고객만족지수, 고객 접점 매장 수 등 직접적인 결과 중심 지표가 이에 해당한다. 그리고 이러한 결과 지표를 지원하는 고객시스템 활용률, 상품 권매율 등과 같은 여러 과정 지표도 포함된다.

    KPI라는 항목이 아니더라도 모든 조직(개인사업자 포함)은 매출과 이익이 포함된 여러 형태의 목표 단위를 가지고 있다. 전국 조직을 갖춘 회사일 경우 정량적 지표는 더욱 중요하다. 지역마다 다른 시장 상황을 고려하여 객관적인 기준을 설정해, 조직과 구성원 평가 시 동일 기준을 바탕으로 평가가 이뤄질 수 있도록 함으로써 형평성을 담보할 수 있기 때문이다. 대부분의 경우 전년도 성과나 단위 조직의 맨 파워, 시장 여건 등을 감안하여 KPI를 설정한다.

하지만 이러한 객관적 지표 수립을 위한 조직의 노력에도 불구하고 몇 가지 문제적 이슈가 존재한다. 다음과 같다.

첫째, 목표 부여가 상대적이다.

대부분 부여된 목표에 대한 달성률로 평가한다. 부여되는 목표는 각 조직 상황에 따라 다르게 부여되기 때문에 내가 목표치를 달성하더라도 상대적으로 달성률이 더 높은 조직이 있을 수 있다. 기준 목표에 대한 단위 조직 간 차별적 반영에 대해 적합성 이슈가 항상 존재한다. 우리 조직의 일등 성과가 달성률로 상대적으로 결정되지만 원천적으로 부여된 목표에 공감하지 않는다면 구성원들이 쉽게 받아들일 수 있을까?

둘째, 항목별 동기부여가 불확실할 수 있다.

수년간의 KPI 항목을 비교해 보면 일관성 있는 항목이 대부분이지만, 때로는 생소한 항목(예를 들면, 정착되지 않은 시스템 지표 등)이 들어있거나 때로는 평가 항목 자체가 너무 많아 구성원과 목표 달성을 위한 합일점을 이루기 쉽지 않은 예도 있다.

셋째, 단위 조직 과정 자체에 대한 지표설정이 어렵다.

즉, 설령 KPI 목표를 달성하지 못했더라도 여러 활동 과정을 통해 꾸준히 상승 모멘텀을 유지하는 조직이 반드시 있을 것이고, 전사 성과 기여에 도움이 되는 상황인데도 지표로 반영하는 것이 쉽지 않고 상위 리더가 이에 대한 별도의 관심이 없다면 묻힐 가능성이 크다.

넷째, KPI에 포함되지 않은 항목은?

KPI는 단순히 '이것만 하세요'가 아니라, 회사의 총체적 활동 중 핵심 지표를 의미하는 것이다. KPI에 포함되지 않더라도 단위 조직 자체가 가지고 있는 기본지표나 리더가 판단하는 개별 업무가 존재한다. 하지만 KPI가 과다하게 강조되는 경우 지표에 포함되지 않은 항목들은 가볍게 여겨질 수도 있다.

다섯째, 나의 의지와 무관하게 결정된다는 것이다.

나의 계획과 의지가 반영된 KPI라면 동기 부여가 될 텐데, 그렇지 않을 땐 구성원이 수동적으로 업무를 대할 수 있다. 설사 나의 의견은 반영된다고 하더라도 지극히 제한적으로 반영될 우려도 있다.

이처럼 리더가 자신의 의지와 계획이 반영된 목표를 세우면 좋겠으나 회사에서 부여받은 KPI 목표를 통해 회사에 기여해야 하는 수동적인 여건에 놓일 수 있다. 리더 자신의 구조적인 위치가 수동적이다 보니, 구성원과의 소통은 개인적인 역량으로 해결할 수도 있으나 목표 달성을 위한 구성원과의 공감대 형성이나 합일점 형성 과정에서 구성원의 반발을 불러일으키는 경우가 적지 않다.

앞서 다섯 가지로 정리한 KPI 설정 시 발생할 수 있는 이슈와 관련한 구성원들의 구체적인 반발 사례를 살펴보자.

첫째, 상대적이다.

"목표가 너무 높아요, 작년에도 많은 목표로 고생했는데 고생한 거에 대한 배려 없이 더하라고 하니, 의욕이 안 납니다. OO 조직은 목표가 적어 쉽게 달성하는데 우리는 너무 많아서 해도 티가 나지 않습니다."

둘째, 항목별 동기부여가 불확실할 수 있다.

"하라는 항목이 너무 많아서 아예 손도 못 대고 있습니다. 그리고 OO항목은 현장과 맞지도 않아서 실제 활용하는 데 전혀 도움이 안 돼요."

셋째, 단위 조직 과정 자체에 대한 지표 설정이 어렵다.

"팀장님의 의견에 따라 작년에 우리 팀이 내부적으로 OO이란 주제를 가지고 팀 내 활동을 열심히 했는데 회사에서는 알아주지도 않고, 주어진 KPI 달성하기도 벅찬데 이 일을 왜 하는지 모르겠어요."

넷째, KPI에 포함되지 않은 항목은?

"KPI에도 포함되지 않는 이 일을 도대체 왜 하라고 하는 거죠?"

이러한 상황에서 성과에 대한 단순 인센티브 부여나 미달성에 대한 인사 불이익 등의 방식으로 구성원과 소통하고 업무를 진행한다면 리더로서의 만족감이나 성취감을 느낄 수 있을까? 무엇보다 업무 달성이란 목표를 이룰 수 있을까? 리더로서 당신은 현실적으로 주어진 KPI 목표 달성을 위해 구성원과 원활하게 소통하고 과정 중심의 선순환을 지속하며 어떤 준비를 해야 할 것인가?

앞서 '일의 목적'에서 설명한 바와 같이 리더는 회사에서 주어진 명시적 KPI 달성에 앞서, 구성원과 우리 조직이 원하는 일의 목적을 먼저 논의해야 한다. 구성원 개개인이 조직에서 함께 일하는 동안 어떤 목적을 가지려 하고 있고, 또 가지도록 하는 것이 중요하다. 이러한 자세는 결국 일에 대한 본질을 정면 돌파하는 일의 방식으로 나타나고, KPI도 결국은 성과를 내기 위한 여러 단계의 과정을 지표화한 것에 불과하기 때문에 업무 리듬이 깨지지 않는다.

동기부여 측면에서도 일의 목적을 공론화하고 공감을 형성하면 문제 발생 시에도 지엽적인 이슈로 변질되지 않고 해결의 실마리를 찾기 쉽다.

물론 이러한 원칙이 타당하더라도 쉽게 실천할 수 있는 것은 아니다. 리더가 일의 목적을 명확히 하여 '실행력'이라는 에너지를 장착해야 한다. 그리고 장착된 에너지를 바탕으로 구성원과 함께 목표에 도전하는 것이다.

주도적, 자율적 그리고 품위 있는 목표 수립의 철학

간절함을 가지고 구성원들과 함께 가치 있고 품위 있는 목표에 도전하자

구성원과 목표 달성을 위한 목적과 의미, 그리고 방식을 논의하였다면, 다음 단계로 도전적인 목표 설정에 관해 이야기할 차례이다.

앞서 살펴본 바와 같이, 리더는 항상 조직으로부터 목표를 부여받고 KPI 또는 다른 이름으로 실행 목표를 부가적으로 받게 된다. KPI로 정의된 항목들은 연간 목표를 달성하기 위한 과정 지표일 수도 있고, 연간 목표 자체의 세부 목표일 수도 있다. 회사는 전체 매출이나 영업이익 목표 달성이 가장 중요하다.

그러나 조직으로부터 부여받은 목표가 구성원의 역량 등과 달성할 수 있는 '체력'과 일치하지 않는 경우가 많다. 결과도 상대적이다. 목표를 초과 달성했다 하더라도 리더와 조직 자체 역량의 결과인지, 전사 차원의 지원 덕분인지도 모호한 경우가 있다.

이러한 구조적인 상황을 리더 중심의 주도적인 상황으로 변화하기 위해 그리고 장기적인 성장이라는 측면에서 우리는 조직과 개인의 일의 목적과 의미에 대해서 고민해 보았다면 이제는 그러한 고민을 토대로 우리만의 도전적인 목표를 설정할 단계이다. 그렇다면 도전적인 목표와 품위 있는 목표란 무엇일까?

필자가 이야기하는 도전적인 목표는 회사로부터 주어진 목표의 몇 퍼센트 이상 초과 달성한다는 산술적 개념에 국한된 것이 아니다. 때로는 KPI 수준의 목표일 수 있겠지만 회사의 핵심 항목을 달성하는 데 결정적인 영향을 미치는 과정지표일 수도 있고, 일의 목적 설정에 따른 KPI 달성을 위해 별도로 개발된 자체 지표일 수도 있다.

예를 들어, 판매조직의 경우 당월 에어컨 판매 목표가 연초 300대로 잡혀 있었는데, 계절의 변화나 시장 상황을 고려하여 30% 증가한 390대로 변경되었다면 일반적으로 도전적인 목표 수립이라고 할 수 있다.

그러나 일의 목적과 과정을 통한 도전적인 목표의 설정이라면, 에어컨을 구입하는 고객의 데이터 유형 연구로 설정할 수 있다. 이를테면
① 기존 에어컨 사용 고객의 내구연수를 감안한 타깃 고객,

② 제품 품질 향상과 기술 개발에 따른 특정 모델 타깃 고객,
③ 신규 입주 단지 등의 상권 요소 등의 분석을 통해 연초부터 에어컨 구매 가능성이 높은 타깃 고객군 설정과 데이터화, 그리고 설정된 고객군 공략 방법 등을 구성원과 자체적으로 고민한 후 몇 가지의 실행 과정을 설정할 수 있다. 예를 들어, 해당 월 타깃 고객군의 숫자를

1번 그룹, 400명 컨택 목표와 이에 따른 실행 과제
2번 그룹, 300명 컨택 목표와 이에 따른 실행 과제
3번 그룹, 200명 컨택 목표와 이에 따른 실행 과제

등으로 상담 기회 확보와 상담 성공률을 도전 목표로 설정한다면 판매 목표와의 단순 비교와는 물론이고, 실행력 차원에서도 상당한 차이를 보일 것이다.

구성원의 단기적인 일의 목적에 대해 공유하고 계획을 세우는 데도 월등히 유리할 것이다. 후자와 같이 자체적으로 도전적인 목표를 가지고 실행한다면, 회사로부터 부여받은 정량적인 목표에 대해서도 좀 더 주도적일 뿐 아니라 단위 조직 중심의 활동과 지원 요청에서도 효율적일 것이다. 도전적인 목표 설정은 업종이나 단위 조직 구성원의 수준에 따라 다양하게 설정할 수 있다.

리더와 구성원이 자발적으로 설정하는 도전적인 목표의 장점은 다음과 같다.

1. 문제 해결의 본질에 접근할 수 있다.
    - 내가 세운 계획이기 때문이다.
2. 내가 세운 계획이므로 주도적이고 창의적이다.
3. 구성원과의 원활한 소통이 가능하다.
    - 도전목표 수준부터 자체적으로 세운 것으로, 구성원의 의견에 대한 반응이 용이
4. 예측할 수 있는 데이터 접근이 가능하다.

한 회의 장면을 활용해 구체적인 예시를 들어본다.

회의실에서 판매 조직장들이 모여 판매 부진 대책 회의를 열고 있다. 각 조직의 조직장들은 나름의 의견을 제시한다. "홍보가 부족하다", "제품 스펙이 경쟁사에 밀리고 있다", "경쟁사보다 가격이 비싸다", "경쟁사보다 프로모션이 약하다" 등등. 판매 부진 대책 회의이다 보니, 경쟁사보다 유리한 조건은 묻히고 부족한 부분만 드러나기 쉽다. 어떤 측면에서 보면, 판매책임 부서장 회의가 아닌 마케팅 부서 회의 장면으로 오해할 만하다.

이어서 대책으로 나온 의견으로는 "경쟁사보다 가격경쟁력이 월등해야 한다.(가격 인하)", "고객이 호응할 수 있는 프로모션을 시

행해야 한다.", "판매사의 인센티브를 올려야 한다" 등등이다. 대부분 거시적인 목표, 그리고 전사적 지원책을 요구한다.

그렇다면 주도적이고 자율적으로 높은 목표를 설정한 부서장은 어떻게 반응할까? 전사 차원의 지원보다는 판매팀 자체적으로 진행 중인 목표 달성에 힘쓸 것이다. 예를 들어, 타깃 고객 확보 단계를 진행 중이라면 이 단계를 활성화하기 위한 지원을 요청할 것이고, 이것은 지원 규모도 작아 회사가 지원하기 쉬울 것이다. 또한 단계별 세부 실행계획과 그 준비가 이뤄지고 있다면, 지금은 당장 당월 목표 달성은 쉽지 않더라도 다음 단계의 준비가 진행되고 있기에 조직의 리듬이 깨지는 일은 없을 것이기 때문이다.

위 답변은 많은 의미를 내포하고 있다.
대안 제시의 단계에서 전사적 이슈로만 의견을 내는 리더는 다른 상황에서도 성과에 어려움을 겪고 있을 개연성이 높다. 자체적인 실행계획과 과정이 없으니 책임질 일도 없다고 생각하고, 잘되면 나의 역할이고 잘못되면 회사의 상황으로 몰아가는 경우도 종종 있기도 하다.

도전적인 목표 외 또 하나는 품위 있는 목표를 만드는 것이다. 소통 단계에서 이야기한 대표이사의 관점은 성과 창출 단계에서도 유효하다. 다른 점은 소통 단계에서의 대표이사 관점이 주체성과 주도성이었다면, 성과 창출 단계에서는 절박함이다. 외견상으로 냉정함을 유지해야 하는 대표이사도 모두 하나의 공통점이 있다. 회사의 생존과 성장에 대한 간절함이다. 왜 목표를 달성해야만 하는지에 대한 이유가 반드시 있다.

도전적인 목표 수립 시 간절함이 포함된 목표는 반드시 달성할 수밖에 없는 실행력 강화와 문제 봉착 시에도 높은 수준의 고민으로 임하기에 결론적으로 조직의 역량과 성과 창출의 가능성을 크게 높여준다. 인위적인 설정은 어렵지만 시장의 잠재력을 통해서도 간절함의 가능성을 높일 수 있다.

이러한 과정을 통해 설정된 목표는 주어진 것이 아닌 우리 스스로가 만들어 낸 목표이므로 소중하고 품위 있는 목표라고 할 수 있다. 결론적으로 품위 있는 목표는 나와 우리 조직을 스스로 높게 인정하는 것이다.

> **품위 있는 목표는?**
> - ☑ 나와 우리 조직 일의 목적과 연계된 목표
> - ☑ 도전적인 목표를 나의 성장과 성공에서 조직에 대한 기여로 연계하고 확장시키는 명분을 부여하는 것

지속적인 성과를 내기 위해 :
성과 창출 방정식

:

내가 속한 조직이 선도 기업이 아닌 경우
역설적으로 리더의 활동 영역은 상대적으로 매우 커진다

대부분의 기업은 기업에서 생산한 재화나 서비스를 구매하거나 이용하는 고객의 규모에 의하여 매출과 이익이 결정된다. 과거에는 제품 기능 중심으로 경쟁이 이루어져 최신 기술이 반영된 제품의 우수성을 고객에게 알리며 어필하던 시대였다. 그러나 기술 발전과 산업 인프라 확대에 따라 기본적인 기능에 대한 차별성은 거의 없어졌다.

제품 기능 중심 개발에서 고객 관점의 요소가 강화된 서비스나 상품으로 변화하였고, 구매 접점 장소도 비대면 시장이 가파르게 성장함에 따라 사람 중심의 고객 접점 네트워크가 AI나 플랫폼 등으로 영역이 확장되고 있다. 특히 가장 큰 변화는 비대면 플랫폼화된 것과 AI 발전으로 인해 고객 응대 접점 인원이 대폭 플랫폼으로 대체되고 있다는 점이다. 그러나 절대 인원의 축소가 고객 응대 규모나 응대 퀄리티의 축소를 의미하는 것은 아니다. 오히려 고객 만족에서 고객 경험 가치로의 확대 등 높아지는 고객 니즈를 맞추기 위한 기업의 노력은 더욱 치열해졌다.

비대면 시장 활성화 이전, 전통적인 성과 창출(판매 성과로 한정할 시) 공식은 아래와 같았다.

내방 고객(a)×판매 성공률(b)=판매 성과(c)

고객 접점의 내방 고객수를 증가시키고 응대 고객의 상품 구입 비율을 높이면 성과가 높아지는 매우 단순한 이론으로, 내방 고객을 증대시키기 위한 각종 프로모션이나 가격 정책이 핵심이었고, 판매 성공률 증대는 응대 접점 인원의 역량이 크게 작용함에 따라 자사의 강점을 고객 관점에서 잘 설명하고 판매하는 접점 인력 확보와 육성이 성과 창출의 관건이었다. 제품이나 상품은 개발 부서를 통해 더욱 향상된 제품과 서비스를 줄이어 출시할 수 있지만, 한 명의 예비 고객에게 상품을 판매하기 위해 설명하는 노력이 100이라면, 매번 100이라는 노력의 투입으로 성과를 지속해서 내는 것은 어려운 여건이었다.

제품을 판매하는 접점 측면에서는 지역 단위의 내방객을 늘리기 위한 내방객 증대 활동을 계속해야 하고, 상품을 구입한 고객이 제품과 서비스에 만족하여 지인을 접점 판매자에게 추천하고 또 다시 판매 사이클이 일어나는 형태로 성과 향상을 위한 활동이 일어났다.

그리고 본격적이지 않지만, 이러한 관점에서 회사 차원에서 프로모션 정책을 실시하기도 하고 제한적인 형태의 고객 관리 프로그램이 진행되고는 있었다. 이러한 상황에서는 고객 유치의 성과를 대폭 올리기 위해서는 전사적인 가격정책이나 프로모션 외에는 대안이 부족했다. 하지만 경쟁은 상대적인 것이어서 한 회사의 정책 시행은 경쟁사의 반사적인 대응 정책이 반드시 뒤따랐고 판매조직 관점에서는 지속적인 성장을 유지하기에 외부적인 요소가 상대적으로 컸다.

하지만 오히려 전사의 경쟁력이나 지원이 부족한 경우에 단위 조직의 리더에게는 새로운 기회의 영역이 열리기도 한다. 현장 응대 인력의 상담 수준 고급화 훈련을 통해 응대 역량을 향상할 수 있었고, 이는 성과와 곧바로 연결되기도 하였다. 필자의 경우에도 경쟁 상황에서의 훈련을 통해 타 조직과 상당한 격차를 내면서 성과를 창출한 바 있다.

그리고 고객 관리 수준도 구입 고객의 만족도에 집중하면서 고객 관리 관점에서는 1단계 영역을 벗어나지 못하는 경우가 많았다.

접점 인력이 고객 관리의 중요성을 인식하고 성과와 보상에도 연계된 정책이 필요하지만, 대부분 기업이 고객 관리 세분화를 통한 성과 기여 부분에서는 크게 매력을 느끼지 못하고 있었던 것 같다. 따라서 현장 인력의 숙련도에 따른 성과의 차이가 크게 날수밖에 없었고 리더의 영역도 상대적으로 컸다고 볼 수 있다.

고객 관점의 응대나 고객 관리 시스템이 제대로 갖추어지지 않은 기업은 판매 인력 개인의 역량에 의존하는 비중이 크고, 그만큼 부작용도 잠재되어 있다(불완전판매에 따른 고객 클레임 등). 설령 고객 관리 고도화 단계로 도입된 과감한 제도들 – '고객 추천 시 오퍼 지급' 제도의 경우 판매 환경에 걸맞게 조성되어 있지 않으면 오히려 고객 오퍼가 남용되어 쓰이는 경우도 발생할 수 있고, 단골을 만들기 위해 도입한 포인트제가 단순한 의무 질문으로 변질하여 효과를 보지 못하는 경우도 흔한 사례이다.

마트에서 흔히 사용되는 포인트 제도를 예로 들어보자. 포인트는 유치한 고객을 지속해서 재방문하게끔 하기 위해 회사에서 일정 비용을 적립하는 방식이다. 그러나 고객과 접촉하는 응대원은 기계적으로 '포인트 있으신가요?'라고만 물어본다. 없다고 하면 그걸로 '상황 종료'인 것이 일반적이다. 단순 업무로만 접근하면 리더의 역할은 직원이 해당 질문을 했는지 안 했는지 확인하는 데에서 끝나겠지만, 성과 창출 항목의 하나로 관심이 있는 리더는 직원의 안내 설명으로 고객이 배려 받음을 느끼는지 여부에 포인트를 가지고 확인하고 코칭할 것이다.

예) "고객님, 번거로우시겠지만 3초만 신경 쓰시면 쏠쏠하게 도움이 됩니다. 카드 별도로 들고 다니시는 게 불편하시면 편하게 쓰시도록 안내해 드릴게요. 5분만 시간 내주세요. 적은 금액이지만 없어지면 손해이시니까요."

이렇게 안내한 직원이 느끼는 보상은 무엇일까? 리더에게 고객에 대해 성실하게 대했다는 칭찬일까? 아니면 사소하게라도 고객의 입장에서 안내해 준 직원에 대한 감사의 한마디일까? 고객이 고마워하는 감정으로 본인의 행복감을 느끼게 환경을 만들어 주는 것이 포인트이다. 아르바이트와 정규직의 구분 없이 구성원이 목적을 가지도록 소통하는 것이 중요하다는 것을 한 번 더 강조해 본다.

회사의 시스템은 지속적인 고객 성과 창출 측면에서는 제한적이었지만, 리더가 일의 목적이 무엇인지의 관점에서 구성원과 올바르게 소통하고 시스템을 효과적으로 사용했을 때의 상황을 가정해 보았다. 다음은 비대면 시장으로 시장 환경이 변하는 지금, 성과 창출 방정식을 재정의해 보고 어떤 방식으로 성과를 지속해서 창출할지 고민해 보는 시간이다.

과거 : 1단계 수준의 고객 응대 단계

내방 고객(a)×판매 성공률(b)=판매 성과(c)

현재 : 3단계 수준의 고객 고도화 관리 단계

1단계 : 가망고객의 확보

2단계 : 상담 고객(가망고객 중) x 판매 성공률

3단계 : 지인 추천을 적극적으로 하는 고객

(비대면의 영역을 포함하고 단순 접촉 고객을 통한 판매 성과는 +α로 판단한다)

비대면 시장은 회사의 고객 사이트나 폐쇄몰, 오픈마켓, 위탁몰 등과 같은 전통적 개념의 온라인 시장은 물론이고, 그 외 새로운 플랫폼의 형태로 무수히 많이 생겨났다. 기업 입장에서는 상품이나 서비스의 특성에 맞는 비대면 채널을 최대한 확보하고 그 규모를 확대하고 있는 것이다.

대면 시장은 과거 단순하게 고객 확보 접점으로서의 목적이 우선이었다면 이제는 회사 상품이나 서비스 가치를 고객에게 복합적으로 전달할 수 있는 복합매장 관점의 매장이 한 축을 이루고 있고, 고객 유입 접점의 목적이라 하더라도 핵심 상권 내 리딩 포스로서의 위치를 갖추어야 회사의 브랜드 이미지 제고를 동시에 누릴 수 있기 때문에 대형화 경향을 보인다.

고객의 관점에서 보자면 대면과 비대면 시장이 개별 영역이 아닌 하나의 서비스라인이다. 오프라인 매장에서 구매하더라고 온라인 플랫폼을 통해 서비스 받고, 비대면 시장을 통해서 구매하더라도 오프라인 매장에서의 서비스가 공존한다고 생각한다. 바야흐로 대면과 비대면 시장에서 상품의 구매와 서비스가 복합적으로 동시에 발생하고, 고객은 자신의 라이프 스타일에 맞춘 '서비스 라인(Service Line)'을 구축하기 시작했다.

새로운 성과 창출 방정식에서는 한 고객이 대면 시장이든 비대면 시장이든 구매의 목적이 아니더라도 방문 이력을 남기게 되면 기업은 그 접점 이력이 고객 고도화 3단계의 어느 위치에 자리하는지 파악한 후, 다음 단계로의 고도화를 위한 과정을 진행함으로써 성과 창출의 휠을 구축하는 방식이다. 물론 고객 고도화 1단계의 가망고객 단계에서는 의도적인 프로모션을 진행하는 경우가 대부분이다.

고객 고도화의 3단계 기본 가설은 다음과 같다.
월 신규 가입된 고객중 가입 이전 단계의 고객 유형을 분류해 볼 수 있을 것이다. 보험이나 통신처럼 월 납입을 지속해서 하는 경우, 접점 인력으로부터 몇 차례에 걸친 권매를 경험했을 것이다, 전자제품 등 내구재성 재화는 온라인 사이트나 접점 매장 등을 수차례 접촉한 뒤 구입하는 경우일 것이다.
고객이 어떤 단계를 거쳐 구입을 결심했는지는 여러 가지 유형이 있겠으나 여기서는 구입을 결심한 후 첫 번째 방문(혹은 접촉)으로 구입했는지, 아니면 몇 번의 권매 절차 후 구입했는지, 가족이나 지인의 권유로 구입했는지, 사용 경험이 우수해서 재구매한 경우인지 등을 나누어 살펴볼 것이다.

고객 스스로의 의사로 한두 번의 방문으로 상품을 구매하는 것이 아닌 일정 시간의 가망고객 단계에서 접점 인력이나 회사로부터 사전 고객 관리를 받으며 상품 구매를 결심하는 계획적인 고객 유치의 단계, 그리고 상품 사용기간 동안의 고객 관리를 통한 만족도 향상으로 충성 고객화되어 지인에게 구매를 추천하는 단계로 고객 고도화 3단계를 간단하게 개념 정리할 수 있다.

회사의 프로모션이나 가격경쟁력만으로 신규 고객을 목표 이상으로 달성하는 시대는 이미 저물었다. 그리고 그러한 고객 비중은 앞으로 점점 더 줄어들 것이다. 고객 입장에서도 선택의 폭이 국제적으로 넓어진 시대에서, 품질과 가격만 중요시하는 그룹과 고객 경험 관점의 가치를 누리는 고객 등으로 다양해지고 있다.

업종에 따라 차이는 있겠으나 제품이나 서비스를 사용하거나 구매하는 업종과 조직의 리더라면 고객의 최종 구매 단계의 이전 단계 고객 확보가 성공의 관건인 것은 자명하다. 많은 회사가 이 단계의 고객을 확보하기 위해 CRM을 필두로 시스템 전쟁을 펼치고 있으나, 고객 인사이트에 대한 통찰력 부족이나 고객 유형에 대한 단편적 접근으로 인해 현장 조직 접점 인력의 인프라 지원보다는 부가적인 업무로 전락하는 경우도 많다.

어쨌거나 우리는 고객 확보 전단계가 어떤 형태로 존재하고, 고객이 어떻게 고도화되는지 상식적인 내용을 좀 더 구체화하고 조직 이론으로 발전시켜야 하는 상황이다.

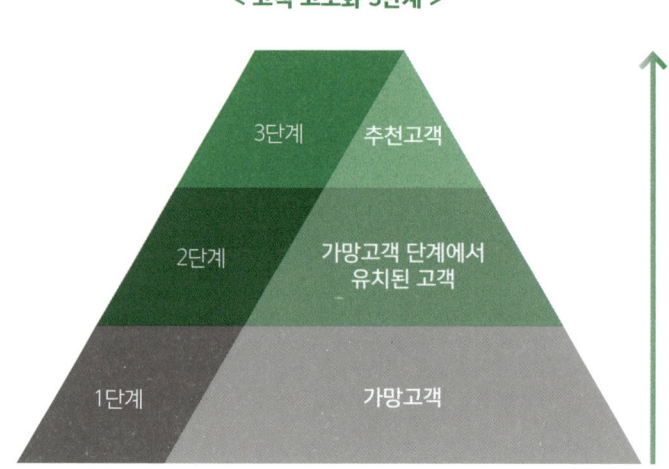

< 고객 고도화 3단계 >

고객 확보 단계에 따라 단계별 상황을 살펴보자.

1) 가망(예비) 고객 단계

가망 고객 단계는 말 그대로 재화나 서비스를 구입하지 않은 고객이지만, 고객 프로모션 참여 등으로 이름과 연락처 등을 확보한 경우를 의미한다. 다른 관점에서 해석하면 대면 채널을 정기적으로 유동하는 고객 혹은 사용 고객의 가족, 그리고 과거 사용한 경험이 있는 경우도 예비 고객군에 해당한다.

비대면 채널의 경우는 대면 채널보다 예비 고객화 경로가 효과적이다. 온라인 특성상 전사 프로모션을 통한 예비 고객 확보가 쉽다. 다만 온라인상의 이동성이 워낙 빠르고 예비 고객화 단계에서 직접 인력의 개입이 없기에 다음 단계로 고도화하기에는 상대적으로 많은 어려움이 있다. 이 경우 빅데이터의 활용으로 특정 시점이나 구간에서의 예비 고객 흐름을 분석하여 세그마케팅 기법으로 공략하기도 한다.

다만 고객들은 비정상적인 DB 수집과 고객 정보 유출 등으로 예비 고객 정보의 DB화에 거부감을 가지고 있을 수 있다. 단순 DB 수집은 잠재적 리스크의 상황이 올 수 있으므로 명확하게 예비 고객 단계 이후의 전략과 계획이 수립된 상태에서 예비 고객 확보에 실행하는 것이 효율적이다.

리더로서는 구성원과 가장 활발하게 활동을 전개할 수 있는 단계이다. 직접 구매의 단계가 아니기에 고객에게 접근하는 방법도 유연할 수 있다. 접점이 위치한 지역의 특성에 맞는 다양한 전략을 구사할 수도 있고 결과도 즉시 나오기에 구성원과 계획 실행 및 결과 분석 그리고 새로운 계획 수립을 활성화할 수 있는 단계이다.

2) 가망고객 > 상담 성공을 통한 유치 단계

가망고객 단계 중 고객 관리를 통해 상품이나 서비스를 처음으로 구매하여 사용하는 고객층이다. 고객 관리 단계를 거치지 않고 유치된 고객층은 별도로 분리해서 관리해야 효율적인 분석이 가능하다.

가망고객 단계에서 경험한 고객관리 서비스를 기반으로 구매를 결정한 그룹이고 계획적인 고객성향별 관리를 통해 유치된 고객이므로 매우 중요한 고객그룹이다.

특히 서비스 접점 인력을 통해 구입한 상품의 경우 제품이나 판매 인력서비스의 장점 여부, 초기의 고객 사후관리 품질의 영향을 많이 받는다.

구입 후 1개월 내 고객 케어 활동이 가장 중요한 시기이기도 하다.

3) 추천 고객 단계

2단계 유치 고객 중 사용 경험을 바탕으로 가족이나 지인을 적극적으로 추천하는 단계의 고객이다. 우수성과를 내는 대부분의 조직이 3번 단계의 고객 비중이 높다.

이 단계의 고객은 구매 결정 요소로서 가격이 크게 작용하지 않는다는 상황도 다수 확인된다. 고객의 입장에서 보면 상품 구입 시 품질이나 서비스 등의 요소가 우선이지만, 결정적으로 응대 접점 인력의 신뢰도에 따라 추천 고객의 비중이 높아지고 상대적으로 고성과를 내는 조직일 확률이 높다.

고도화된 성과 창출 방정식에서는 단계별 고객이 어떤 연관 관계와 성과 창출 모델을 가지고 있을까? 전통적인 성과 창출 이론이 '내방객+판매 성공률'이라는 단순 공식이었다면, 새로운 성과 창출 곡선은 '다차' 방정식이다.

가망고객과 사용 고객, 추천 고객 각각 단위 항목의 조합을 통해 어떤 크기의 성과를 낼지 시장과 고객 그리고 조직의 역량을 판단하여 설계하는 방식이다. 그리고 좌변의 접점 고객을 기반으로, 하방부터의 고객층을 두껍게 피라미드 방식으로 고도화하는 방식이다.

다른 관점에서 한 달 동안 유치된 고객의 접촉 단계별 상황에 따라 비중을 표시해 보자.

A: 가망고객 단계 없이 당일 내방으로 즉시 유치된 고객
B: 가망고객 단계를 통해 유치된 고객
C: 2단계 고객의 추천으로 유치된 고객

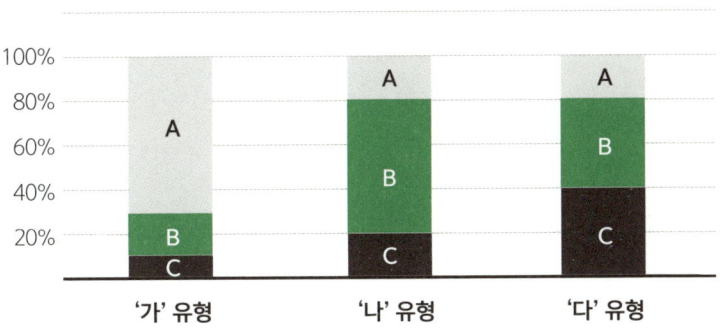

본인 매장의 고객 유형은 A, B, C 유형의 비중이 어떤 형태인가? 그리고 어떤 형태의 고객 유형 분포가 가장 안정적이고 지속

적인 성과 창출형의 분포일까?

'가' 유형

유치 고객의 절반 이상이 단순 내방 고객으로 비중을 이루고 있다. 전형적인 과거형의 매장 유치 형태이다. 이 책에서 얘기하는 현장 중심의 리더의 활동 영역이 매우 제한적일 가능성이 크다. 전사의 프로모션이나 가격 정책에 의해 판매 성과가 좌우 된다.

'나' 유형

가망고객을 통한 계획적인 고객 유치의 비중이 절반을 넘고 있다. 안정적인 성과를 낼 가능성이 높은 매장이다. 간과하면 안 될 점은 계획적인 고객 유치가 이루어지고 있으나 회사에서 정한 프로세스를 통해 이루어지고 있는지, 아니면 특정인원의 개인 역량에 의해서 이루어지고 있는지 구별해야 한다. 개인의 역량에 의해 이러한 분포를 보인다면 올바른 관점에서의 과정 관리 점검을 준비하고 시행해야 한다.

'다' 유형

가장 이상적인 유형이다.

해당 조직의 리더와 구성원은 안정적인 성과 창출 구도에 있는 조직으로 예측 가능하다. 이 단계에 올라서게 되면 새로운 구성원도 자연스럽게 올바른 관점의 업무를 숙지할 가능성이 크다. 전사의 가격정책에 따른 변동폭도 적다. 고객의 추천에 따른 분위기도 긍정적이다. 우수인재의 육성 측면에서도 가장 이상적인 환경이다. 해당 조직의 출신들이 다른 조직에 가서도 동일한 활동으로 우수사례의 확산에 기여할 확률도 높다.

조직은 고객을 단계별로 확보하는 전략을 구사할 수 있다. 단순하게 1단계 – 2단계 – 3단계로 진행되지만, 특정시기에는 2단계 – 3단계에 집중할 수도 있고, 비시즌에는 예비 고객에 집중할 수도 있다. 특히 계절적 수요가 많은 상품의 경우, 시즌에는 예비 고객화 단계에도 적지 않은 비용이 지출되지만, 비시즌에는 비교적 적은 비용과 방법으로 확보할 수 있다. 에어컨 비수기 AS 예약이 이에 해당한다.

단위 조직의 경우 지속해서 성과를 내기 위해서는 단계별 고객 케어가 반드시 필요하고, 이것이 판매원 개인의 성과와도 직결된다는 것을 반드시 인식시켜야 한다. 때로는 단기 실적에 대한 압박으로 경시하게끔 만들어선 안 된다.

고객 관리 고도화 3단계가 정착된 경우, 단위 조직에서는 상위 조직에 지원을 요청할 경우에도 전사 차원의 지원사격보다는 단위 고객이나 특정 시점에 필요한 지원 요청이 가능하다. 지원 후에도 결과가 명확하게 분석되므로 또 다른 성과 창출의 준비가 가능하다. 오늘의 성과가 부족하더라도 내일의 계획을 흔들림 없이 준비할 수 있는 것은 이 때문이다.

기본적으로 회사 차원의 상품이나 서비스의 우월성 그리고 마케팅 역량이 중요하지만 여기서는 리더의 역량을 통한 역량향상 관점이므로 전사 관점의 시각은 배제하고 단위 조직 관점에서 이야기를 계속 풀어 나간다. (고객 단계별 시스템이 구축된 회사라면 다행이다. 시스템을 최대한 활용하고, 시스템이 없다면 단위 조직에서도 고객 개인정보 관리를 벗어나지 않는 범위 내에서 실행해야 한다.)

충성고객은 그 회사의 서비스에 충성할까, 또는 직원의 서비스 마인드에 충성할까? '애플' 같은 선도 기업은 서비스에 충성하는 고객이 대부분이고, 근무하는 직원도 충성고객에서 입사한 경우가 대부분일 것이다. 애플스토어에 근무하는 직원이 이미 입사 전에 자신의 마인드 셋을 애플에 맞춘다고 해도 과언이 아닐 것이다. 그러나 이러한 회사는 소수에 불과하다.

이 경우 접점 인력은 스스로 품위 있는 업무에 대한 자부심으로 고객 응대에 나선다. 별도의 교육이 없더라도 고객과 함께 느끼는 프라이드의 관점에서 동질감을 느끼며 서비스한다. 고객들도 충성고객을 자처한다. 지금은 많이 줄었지만, 애플의 신제품 출시 전날에 밤을 새우며 기다리는 행렬을 쉽게 볼 수 있었다. 그들은 단지 신제품만을 기다리는 것이 아니다. 스스로 충성고객이란 것을 인증하고 싶은 것이다. 그리고 그곳에서 만난 사용자들과 함께 동질감을 느끼는 것만으로도 큰 프라이드를 느낀다. 그들에게는 애플 제품의 불편함마저도 장점이다. '애플이니까.' 그러나 이러한 선도 기업은 일부에 불과하다.

반면 일반적인 업계에 근무하는 매장 직원의 프라이드는 어떨까? 일반적인 업계에 위치한 회사 매장에 근무하는 직원 모두가 스스로 품격을 갖추고, 일하기를 기대하는 것은 불가능에 가깝다. 누구나 내가 근무하는 기업이 '고객이 열광하는 기업'이길 원한다. 하지만 현실은 현실일 뿐 가능성은 누구에게나 열려 있지 않다.

선도 기업이 아닌 기업에 근무하는 리더는 어떻게 충성고객을 만들 것인가? 물론 회사는 선도 기업 수준의 제품과 서비스, 홍보나 마케팅을 지향할 것이다. 하지만 선도제품이나 기업 이미지는 홍보나 마케팅, 가격정책 등의 단순 접근으로 달성할 수 있는 영역이 아니다. 많은 기업이 업계 1위를 달성하기 위해 엄청난 비용을 들여 광고와 마케팅에 집중한다. 큰 비용을 투자하였으나 일시적으로 1위가 되었을 뿐 결국 기존 1위 기업의 위상만 상대적으로 공고히 해준 사례가 허다하다.

선도 기업에 근무하지 않은 당신에게는 오히려 리더로서 기회일 수도 있다. 선도 기업의 이미지로 가려진 리더의 역할을 찾아서 수행할 영역과 가능성이 여전히 존재하기 때문이다. 선도 기업이 아닌 일반 기업의 경우 충성고객의 성향은 회사 제품의 성능이나 서비스보다는 접점 인력의 서비스마인드에 매료된 경우가 많다. 사용하는 제품이나 서비스의 우수성보다는 접점 인력의 고객관리에 매료되어 가족 고객화되고 지인들에게 본인과 연결된 접점 인력의 신뢰성과 유대관계를 부담 없이 오픈하는 경우가 많다. 이 경우 접점 인원과 고객 사이의 유대관계가 가격 메리트로 오해되는 경우가 있는데, 이는 낭설에 불과하다. 단순히 저렴한 가격으로 유대관계의 유지는 절대 불가하다. 아무리 저렴하게 제품 구매를 안내하더라도 전 세계의 모든 채널을 통틀어 저렴하다고 생각하는 고객은 없을 것이다.

필자가 경험한 충성고객의 대부분은 가격 메리트나 오퍼 제공이 아닌 '내가 궁금하거나 불편할 때 성실하게 응해주는 가'에 관심이 있었다. 그들은 기대 이상의 오퍼를 바라지도 않았다. 다만 제품 구매 당시 수준의 신뢰를 지속해서 보내주는 것만으로도 충분히 충성고객이 될 마음이 있었다. 접점 인력 관점에서도 단순 내방 고객만으로 성과를 지속해서 유지하기가 어렵다고 설명한 바 있다. 2단계, 3단계 고객이 증가할수록 성과 유지가 수월해진다.

결국 중요한 점은 고객을 바라보는 관점이다. 신뢰 관계를 통해 지속적인 성과 창출을 할 것인가, 단기적인 실적 압박으로 과장된 상담으로 불만 예비 고객을 양산할 것인가. 접점 인력이 현재의 위치를 평생의 업으로 생각하리란 보장은 없다. 그러한 기간적인 근무 환경으로 고객 관리에 필요성을 느끼는데에 한계가 있다고 항변하는 리더도 있을 것이다. 기간적인 이슈가 우선 조건일 수는 없다. 단기간 근무하는 파트타이머도 기간과 무관하게 현재 일의 목적에 대해 고민하도록 이끌어 주고 인생에 있어서 소중한 시간이 되도록 배려하고 육성하는 것이 리더의 임무이다.

역설적으로, 리더의 입장에서는 선도 기업이 아닌 경우 활동 역역이 상대적으로 매우 커진다. 회사는 선도 기업을 목표로 뛰고 있다. 선도 기업에 못지않은 열정을 가진 최고경영자도 많다. 현장 리더는 얼마나 할 일과 기회가 많은 것인가.

어쨌든 선도 기업이 아닌 기업이라면 상품에 대한 충성고객 만들기와 별도로, 현장 접점 고객의 경쟁력으로 고객을 충성 고객화 하는 것도 중요하다. 사실 서비스와 스펙은 크게 차이 나지 않는다. 고객은 내가 세심하게 배려받고 있다는 것에 진심을 느낄 수 있다. 판매원이 보내는 문자가 장기적으로 충성고객을 만들고 싶다는 뜻임을 모를 리 없을 것이다.

아르바이트하는 직원이 고객 관리를 한다?

고객 관리 3단계를 정규직이나 훈련받은 직원만 시행하는 것으로 생각하면 오산이다. 자영업을 하는 점주도 그와 함께 일하는 아르바이트생도 모두 해야 한다. 왜냐하면 내가 하는 지금의 일을 단순 노무가 아닌 미래를 위한 경험의 순간으로 치환해야 한다. 점주는 이 점을 명심하고 구성원과 소통해야 한다. 어떤 일이라도 스스로 품격을 높이는 것이 중요하기 때문이다.

우스갯소리로 자영업체 대표들의 이런 대화가 있다.

'요즘 알바생들 무서워서 쓰기 힘들다. 근무 시간 에누리도 없이 일하고... 그러다가 갑자기 전화 한 통화로 일을 그만두겠다고 통보한다.'

물론 예의 없는 아르바이트생으로 고통받는 자영업체 대표의 상황을 이해하지 못하는 것은 아니다. 그러나 직원이 근무에 불편함 없이 배려해 주고, 일의 목적까지는 아니더라도 소중한 경험이 되도록 배려해 주는 자영업체 대표도 많다. 여기서 얘기하는 '소중한 경험'도 결국 짧게 건네는 말 한마디에 포함된 고객을 배려한 메시지일 것이다. 고객의 감사 표시가 판매자에게 다시 전달되기는 어려운 상황이나, 작지만 소중한 경험을 통해 근무 시간이 나의 에너지가 되는 경험을 체험할 것이다.

이러한 경우 그날의 아르바이트 근무 시간이 끝나더라도 시간 날 때마다 도와주는 사례는 얼마든지 있을 수 있다. 자영업체 대표도 당연히 리더로서의 관점이 필요하다. 매장 성장의 핵심은 직원이라는 마인드가 필요한 이유이다. 한두 명의 속 썩이는 인원 때문에 성실하게 일하는 직원이 피해를 보아서는 안 될 일이다.

성과 창출 포텐셜과 상향적 목표 수립

도전적인 목표는 단순한 의지 표현이 아닌
지극히 전략적이고 치밀한 계획의 결과물이다

회사에서는 주어진 목표를 달성하기 위해 대부분의 경우 목표를 세분화한다. 가장 기본적인 것이 구성원별 목표 배분이다. A 조직의 목표가 100이고 구성원이 5명인 경우 구성원별로 목표를 세분화하는 것이다. 구성원의 경력이나 판매 역량 등에 따라 목표를 나누고 달성을 독려한다. 그리고 직접적인 목표 배분 외 리더는 판매 전략을 세우기 위해 판매 유형별 비중으로 내부 전략을 세우는 경우가 있다. 직접 판매, 추천 판매, 본사 프로모션을 통한 판매 비중 또는 신제품 출시에 따른 별도 판매 목표 배분이다.

하지만 이러한 판매 목표의 세분화는 하향 기준이고(이 책에서 추구하는 도전적 목표 설정과는 시각이 다르다), 단위 조직의 리더 중심 목표 설정과는 궤를 달리한다. 그리고 월 단위로 판매 성과를 측정 조직의 경우, 매월 비슷한 패턴으로 목표 설정이 진행되기에 조직 자체의 주도적인 판매 전략을 세우기에는 한계가 있다.

고객 고도화 3단계에 따른 목표 설정은 접근 방법이 전혀 다른 시각이다. 앞서 설명한 바와 같이 구성원과의 소통, 각 구성원과 리더의 일의 목적 구상 그리고 도전적인 목표와 품위 있는 목표 설정에 따른 '실제적인 목표' 설정 단계이다.

전술한 사전 고객 관리 단계 없이 신규로 상품을 구매하는 고객에게 투여하는 가상 에너지의 절댓값을 100이라고 했을 때, 기존 고객의 추천을 받은 상담 고객에게 투여되는 에너지는 얼마일까? 당연히 100보다 작을 것이다. 그리고 그 에너지가 50인지 60인지는 고객 성향에 따라 다를 것이다.

포인트는 100보다 작은 에너지이고, '100 - 투입 에너지'의 차이는 추천 고객의 역할이다. 그리고 또 다른 창출 변수는 추천 고객 수의 병렬적인 증가 그래프가 아닌 곱셈의 숫자로 증가한다는 점이다. 이는 마치 다단계의 효과를 보는 듯하다. 그리고 이러한 현상은 가족 고객 단계에서도 발생하고(물론 추천 비중은 높아질 것이다), 충성고객 단계에서는 더욱 높아질 것이다. 고객 고도화 3단계 따른 성과 포텐셜의 확보는 단순히 정량적인 숫자의 증가뿐 아니라 고객 유치 단계의 추천 효율성에서도 매우 효율적이다.

이런 과정을 거친다면 하향적 목표와 무관하게 상향적인 도전적 정량 숫자를 가늠할 수 있고 하향적 목표와 월등하게 차이 나는 도전 목표의 수준을 가늠할 수 있다. 이러한 과정은 리더 혼자만의 고민이 아닌 구성원과 소통하며 고객의 가치를 공유한 후에 가능한 단계일 것이다.

도전적인 목표는 단순한 의지 표현이 아닌 지극히 전략적이고 치밀한 계획의 결과물이다. 고객 고도화 3단계의 단계별 고객 유치율의 구체성은 조직별 특성에 따라 전략적 접근법이 다를 것이다.

추상적이지만 상품마다 사용 주기가 있다. '사용 주기가 도래한 상품을 재구매할 때, 고객은 어떤 채널을 제일 먼저 접촉할까?' 굉장히 단순한 질문처럼 보이지만, 한 번 더 생각해 보면 그동안 매장에서의 고객 유치 활동이 얼마나 단순하게 진행되었는지 실감하게 된다.

구성원을 올바른 방향으로 리딩하고 코칭 하는 것은 리더 본연의 역할이지만, 단순한 격려와 칭찬만으로 큰 성과를 만들 수는 없다. 시장을 정확하게 직시하는 통찰력과 고객의 눈높이에 맞는 관점이 있어야 가능한 일이다.

고객 유형별 맞춤 응대 & 생애 주기

전사적인 고객 관리 캠페인을 강화하여
고객 관리 고도화를 위한 실행계획을 준비해야 한다

봄이 오면 씨를 뿌리고, 가을에 수확한 후에는 다음 해 봄을 대비해 토양을 비옥하게 만드는 것이 농사의 기본 원리이다. 마찬가지로, 고객을 유치하는 일은 단순한 단기 목표가 아니라 조직과 개인의 성장이 함께 가야 한다. 이를 위해서는 고객의 사용 주기를 고려한 기본적인 관리가 필수적이다. 그러나 안타깝게도 현장에서는 매달의 성과 압박이나 리더십의 부재로 인해 이러한 원칙을 따르지 못하는 경우가 종종 있다. 고객 관리로 미래를 준비하는 일은 농사를 짓는 것과 같다.

성과 창출의 선순환 사이클을 이루려는 관점에서 고객 고도화

3단계와 연계된 고객 관리의 중요 포인트는 '고객 사용 주기'이다. 상품의 고객 사용 주기 사이클에 따른 고객 관리의 일종이며, 고객의 상품 생애 주기를 이해하면 단계별로 접촉 포인트가 생기고, 추가로 부가상품을 판매하거나 고객 고도화 단계의 기회도 보인다. 일반적인 제품의 경우, 상품의 통상적인 내구연한에 따른 재구매가 이루어지는 시점이 있을 것이다. 기업에서는 재구매가 예상되는 시점에 재구매 유도를 위한 고객 관리 정책을 수립하고 전사적인 고객 관리 캠페인을 진행하는 것이 일반적이다.

무형의 서비스 상품도 동일하다. OTT를 비롯한 인터넷 서비스와 같은 재화가 아닌 서비스 상품의 경우, 일정 기간을 주기로 고객의 신뢰를 얻기 위한 접점 활동이 필요하다. 다만 서비스 상품의 경우 대면 접점보다는 비대면 접점의 상품도 다수이고, 서비스 상품 특성상 내구연한 이슈보다는 서비스 상품의 사용조건에 따른 특정 단위 기간이 고객의 생애 주기를 결정짓게 된다.

주도적인 목표를 수립하는 리더 관점에서는 전사적인 고객 관리 캠페인을 강화하여 고객 관리 고도화를 위한 실행계획을 준비해야 한다. 기본적으로는 내구연한이나 특정한 단위 기간 등을 기준으로 재구매 시점이 도래하기 이전이라도 고객의 제품 사용 라이프 사이클을 고려하여 고객이 불편을 느끼거나 궁금한 점이 생길 시점 혹은 정기적인 시점을 정하여 고객 접촉을 진행해야 한다. 구매에 대한 일반 서비스 차원이 아닌, 고객이 진심으로 케어 받고 있다는 신뢰를 구축해야 한다. 그리고 자연스럽게 고객 관리 고도화 1단계에서 3단계 중 적합한 단계를 적용하여 고도화 활동을 병행하는 것은 불문가지이다.

필자는 이런 관점에서 고객서비스라는 용어는 고객 관점에서 점점 사용 빈도가 적어지는 용어로 생각한다. 고객서비스관점 보다 한 단계 발전된 고객 관리 관점에서 접근해야 하고, 고객 신뢰(customer trust)의 수준까지 도달해야 충성고객 수준까지 달성할 수 있다.

4차 산업혁명 시대의 고객은 지혜롭다. 고객 신뢰를 위한 접점인지 단순 재판매나 추가 판매를 위한 접촉인지 모를 리 없다. 1차 고객으로 확보되면 고객과의 소통은 기본적으로 제약이 덜하다. 필자는 고객의 사용 주기를 단위 조직 관점에서는 '생존 주기'라고 부르기도 하였다. 구매한 이후에 시행하는 활동은 부가적이나 선택이 아닌, 생존을 위한 필수 요소라는 점을 강조하기 위해서이다. '생존'이라는 단어가 의미하는 것처럼 고객이 하나의 상품을 구매한 후 1개월 이내에 일어나는 상황들 그리고 1개월 후에서 6개월 사이, 또는 1년 후 일어나는 현상 그리고 내구연한에 도달할 때쯤 등 단계별로 고객의 니즈는 다를 것이 당연하다. 단계별로 살펴보자.

1단계 : 상품 구입 후 1개월

일반적으로 구입 후 1개월 이내의 고객은 내가 구입한 상품이 내가 의도한 기능을 가졌는지, 판매 접점 인력이 설명한 스펙이나 오퍼가 정확한지 등에 대한 체크(check) 중심으로 관심을 가질 가능성이 크다. 판매 인원은 이러한 니즈를 맞추기 위해 최초 사용 후 일주일이나 열흘 이내에 사용상 이슈가 없는지 고객과 소통해야 한다. 이 기간에는 사소한 불편함에도 예민하게 반응하는 시기이다. 구매 시점에서 일부 충동적 구매가 동반한 경우 이러한 현상이 더욱 심해진다. 고객 관리 4단계 중 가장 중요한 단계라고 할 수 있다.

만에 하나 잘못된 안내가 있었다면 즉시 정정하고 상응하는 조치를 취해야 한다. 많은 기업이 이 단계의 중요성을 인지하고 전사 차원에서 최초 구입 고객 대상으로 구입 시의 구입 조건이나 조건에 대한 고객 클레임을 방지하고자 '해피콜'을 실시하기도 한다. 하지만 고객 클레임 방지를 위한 보수적인 해피콜이 아닌 고객이 구입한 상품의 만족도를 높일 수 있는 부가적인 정보를 제공하거나 장점을 알려주는 기회로 활용해서 고객의 선택에 대한 만족도를 올려주어야 한다. 고객은 이미 충성고객으로 가기 위한 마음의 준비를 하는 것이나 다름없다.

2단계 : 상품 구입 후 1개월~3개월

1단계가 고객과의 막연한 불안감을 해소하는 시기였다면, 2단계는 고객의 선택이 옳았음을 인정받는 단계이고 제품을 사용하며 안정감을 찾아가는 단계이다. 그리고 판매자와의 관계에서 우군으로 만들 수 있는 단계이다. 주로 이 단계에서는 고객과 접점 인력보다는 고객과 고객의 지인과의 관계 속에서 나의 선택이 옳았는지 검증하고자 하는 경향이 있다.

예를 들어 고객이 지인들과의 모임에서 내가 구입한 제품이 화제가 되는 경우 선택을 지지하는 그룹도 있지만 그렇지 않은 그룹도 있을 것이다.

"요즘 핫한 제품인데 부럽다" 혹은 "그 제품 요즘에 불편하다고 안 쓰는데" 등의 반응을 보일 것이다. 판매자의 의지와 상관없이 고객은 지인에게지지 받거나 공격당할 수 있다. 이러한 상황으로 부정적 의견이 판매자에게 접수되는 경우, 무조건 좋다거나 어쩔 수 없다는 투의 단순한 응대보다는 고객의 입장에서 고민하고 해결 방안을 찾아나가는 것이 좋다.

또한 제휴마케팅이 하나의 흐름인 요즈음 제휴 혜택이 경쟁사보다 적다는 불만이 접수된 경우, 표면적으로는 적을 수 있으나 반드시 경쟁사보다 우위에 있는 다른 조건이 있을 것이다. 고객은 단순히 불만을 해결해 달라기보다 나의 입장을 이해해 주고 공감해 주기를 바라는 단계일 수도 있다.

더불어 구매한 제품의 기능을 충분히 활용하고 있는지에 대해서 소통하면 좋고, 고객이 불편해하는 사항은 대안을 제시하면서 고객과의 관계성을 높여 나가야 한다.

3단계 : 상품 구입 후 3개월 ~ 내구연한 도래 1개월 전

1, 2단계가 무사히 진행된다면 이제 고객과의 '밀월 기간'이다. 3개월이 무사히 지나가면 사실상 안정기라고 볼 수 있고, 대부분 회사도 이 시기에는 정기적인 점검 수준의 체크 활동 정도만 진행한다. 그러나 필자는 이 시기가 가장 중요한 활동 시기라고 강조한다. 이유는 이렇다.

구입 후 3개월까지의 활동은 고객 케어라기보다는 판매가 완벽하게 이루어졌는지 확인하는 단계이다. 고객이 제품 사용에 어느 정도의 만족을 느끼는지, 또는 불편이나 개선 사항에 대한 피드백을 객관적으로 받기에 가장 적합한 시기이기 때문이다.

고객 역시 호의적인 반응을 보이는 것이 일반적이다. 생각해 보라. 한 분의 고객을 예비 고객 단계에서 1차 고객화하는데 얼마나 많은 공을 들이는가. 그리고 판매 성공률 관점에서도 고객화에 실패하고 타사 제품을 구매했다면 다시 고객화하는데 몇 년의 시간이 필요할 것이다. 고객 응대 초기의 노력을 생각하면 이 시기야말로 정성을 다해 고객을 고도화하는데 결정적 시기임을 알 것이다.

고객의 호의적인 태도로 리더 입장에서는 단위 조직 당 활동을 자체적으로 가장 활발하게 할 수 있다. 고객과의 교감은 더욱 친밀하게 일어나고 추천 고객 등의 고객 고도화 3단계 역량도 올릴 수 있다. 위기도 기회이지만 진정한 기회는 언제나 가까운 곳에 있다.

다만 이 시기의 활동은 즉시 그 결과가 나타나지는 않는다. 회사 차원에서도 일의 우선순위보다 후순위로 미뤄둘 가능성이 높다. 하지만 단위 조직에서는 포텐셜의 크기가 가장 큰 영역임을 명심해야 한다.

농사짓는 것은 미래를 준비하는 것이라고 표현했지만, 사실 농사짓는 것은 미래 준비라기보다는 현실에서 내가 해야 하는 최선의 일을 하는 것이다. 한 분의 고객을 유치하기 위해 얼마나 큰 노력을 들이는가, 그 노력을 생각하면 1~3단계는 절대 간과하면 안 되는 필수 단계이다.

4단계 : 내구연한 도래 1개월 전

고객의 생애 주기가 한 바퀴 돌아 재구매 시점이 도래하고 있다. 내구연한 도래 1개월 시점에서 고객의 재구매 결정 확률은 어떤 패턴일까? 결론은 100%, 50%, 그리고 0% 세 가지이다. 그리고 이미 확률은 1~3단계를 거치면서 어느 정도 결정된 상태이다.

1~3단계 활동이 활발하게 이루어졌다면 고객의 재구매 의사는 당연히 100%일 것이고, 고객 관리 고도화 3단계에 위치했을 것이다. 고객의 추천 고객도 있을 것이고 추천한 고객도 고객 관리 고

도화 사이클에 있을 것이다.

　50%의 고객은 접점 인력에게 크게 불편한 점도 없었지만 크게 만족한 점도 없었다. 고객은 재구매 시점에 타사 제품을 써야 할지, 재구매해야 할지 고민하는 시점이다. 제품 구입 시 고민했던 사항을 다시 시작해야 한다. 고객 입장에서도 선뜻 마음먹기 힘들다. 회사 입장에서도 제일 안타까워하는 지점이다. 고객과 좀 더 친밀해질 골든타임을 놓친 형국이다. 크게 만족을 느끼지 못한 상태이기에 새롭게 일어나는 구매 상담에서도 크게 호감을 느끼지 못한다.

　마지막으로 0%인 고객은 비중이 크지는 않지만, 구입 후 6개월 이내에 이미 재구매 의사가 없음을 결정했을 확률이 높다. 구입 시 불편함이 해결되지 않았고 어쩔 수 없이 사용한다고 판단하는 고객층이다. 불편함이 해결되지 않았어도 6개월 이후의 활동이 전무한 경우가 대부분이다.

　그럼에도 불구하고 도래 1개월 전의 재구매 의사 0% 고객과 접촉하게 된다면, 절대 포기해서는 안 된다. 어쩌면 고객의 진솔한 의견을 들을 수 있는, 그리고 우리의 진심이 담긴 메시지를 전달할 마지막 기회일지도 모른다. 재구매를 포기한 고객이니 이후에 전달되는 메시지도 어떤 목적도 가지지 않을 것이다. 모든 고객은 어렵겠지만 리더가 직접 몇 명의 고객과 직접 소통을 시도해 볼 수 있을 것이다.

이 단계에서의 활동은 업무 리스트에 우선순위로 올라올 확률은 매우 적다. 그러나 우리 조직 활동의 생생한 자화상을 냉정하게 볼 수 있는 기회이다. 그리고 한편으로는 지금은 우리를 떠나지만, 고객이 다시 돌아오게 하는 명분과 '씨앗'을 심는 시기이기도 하다. 자사 제품을 선택 안 하고 떠나는 고객을 끝까지 챙기고 다시 찾아올 씨앗을 뿌리는 조직과 리더의 미래는 이미 성공이라는 단어와 함께하고 있을 것이다.

고객의 사용 주기는 회사 입장에서는 '생존 주기'이다.

어렵게 자사 제품을 구입한 고객은 누구보다 훌륭한 회사의 홍보 채널이 될 수 있는 잠재 역량을 가지고 있다. 자사 고객의 만족감을 유지하지 못한다면 어떤 기업이 성공하겠는가? 그러나 치밀한 준비와 설계 없이 단순히 생존 주기 휠만을 돌린다면, 고객 입장에는 의미 없는 '스팸'이 될 수밖에 없다.

회사 차원의 사용 주기 시스템도 중요하지만, 다양한 고객층을 시스템만으로 만족시키기에는 여러 어려움이 존재할 것이고, 접점 인력의 다양한 고객 케어 활동이 병행되어야 효과적일 것이다. 이러한 가장 중요한 역할을 수행하는 것이 현장 리더이다. 현장 리더는 구성원과 단순히 의무적이고 통상적인 절차의 수행이 아닌 고객 관리 고도화 3단계에 따라서 지속적인 성과 창출과 기여를 위한 포텐셜의 기회로 인식해야 한다.

고객 생애 주기 행동 유형별 맞춤 케어

고객을 행동 유형별 관점에서 보면 사용 주기 동안 어떤 고객 케어가 필요할까? 많은 기업이 고객 관리를 위한 활동을 진행 중이지만 인터넷과 SNS의 발달 그리고 영업성 홍보 전화나 스팸 문자로 진정성 있는 고객 관리 SMS도 묻히기 일쑤이다.

우수고객이나 VIP 고객 등급으로 분류하여 차별화된 서비스를 제공하는 경우도 있다. 지금은 단순하게 사용기간이나 고객기여도에 따라 고객 관리 정책이 만들어지고 시행되지만, 향후에는 고객의 성향에 따라 차별화된 고객맞춤 케어 형식으로 진행될 것이다. 이미 콜센터를 통해 고객의 행동 유형에 따른 차별화된 응대 전략을 시행하는 기업도 있다.

고객 생애 주기와 관련된 행동 유형별 맞춤 케어는 필자도 직접 수행해 본 경험은 없다. 하지만 최근 몇 년간 경험한 스팸성 전화와 문자, 보이스피싱 등을 감안하면 획일화된 고객 관리는 차별점을 보이지 못하고 형식적으로 진행될 가능성이 높다. 또한 접점 인력의 진정성 없는 고객 접촉은 오히려 불쾌감을 줄 수도 있다.

주도형: 불편함을 즉시 해결
사교형: 다양한 회사 소식을 통해 교류
안정형: 정기적 접점을 통한 지속적인 고객 케어 안내 및 약속 사항에 대한 철저한 이행

신중형: 사용조건이나 사용법에 대해 구체적이고 정확한 안내 및 상세 매뉴얼 확인 방법 제시

물론 행동 유형별 응대 포인트는 해당 유형에만 해당하는 것은 아니다. 고객의 행동 유형 중 먼저 체크해야 할 부분으로 파악하면 된다.

고객 불만 제기를 위해 접점 매장으로 직접 방문한 고객의 유형 중 크고 빠른 목소리로 클레임을 제기하는 경우를 경험한 적 있을 것이다. 이 경우 실수나 부족했던 점을 즉시 인정하고 고객에게 진심으로 사과하고, 불편을 해소할 수 있는 대안을 제안한다. 그리고 이 과정에서 고객은 고의성이 없다는 것을 인지하게 되고 자신을 케어해주는 진성성을 인정한다면, 결론적으로 클레임을 제기했던 고객은 매장의 가장 우호적인 고객으로 그룹화될 가능성이 높다.

반대로 실수를 즉시 인정하기보다 '예외적인 상황이었다'든지, '본인의 의사와 무관한 회사의 정책이었다'든지 등의 회피성 및 무마성 응대를 하여 2차 실수로 이어지는 경우가 종종 발생한다. 이때 고객 클레임의 크기는 배가되어 접점 인력의 케어 단계에서 해결되지 않고, 차상위 리더까지 클레임 해결에 나서야 하는 상황이 발생한다. 행동 유형으로 보면 주도형 성향을 보인 고객그룹에 해당한다.

반면 신중형은 동일한 상황에서 어떤 행동 패턴을 보일까? 주도형과 달리 행동 유형 상 목소리의 톤이나 빠르기가 아닌 논리적인 입장에서 클레임을 제기할 것이고, 응대 과정에서도 한번 불편함을 느낀 고객인 만큼 정확하고 상세한 안내가 필수일 것이다.

2차 응대는 고객 불편함의 해결 차원이지만, 리더 입장에서는 고객 불편이 일어난 원인을 체크해서 과정상 문제가 무엇인지 객관적으로 파악할 수 있는 소중한 계기로 삼아야 한다. 즉, 접점 인력 개인의 실수인지, 또는 회사 프로세스 상의 문제인지 파악해서 동일한 문제가 재발하지 않도록 해야 한다. 특히 개인적인 실수라면 개인적인 실수의 영역이 어떤 것인지 리스트를 만들어 정리하고, 회사 시스템에 반영이 불가능한 것인지 등 검토를 통해 근본적으로 '휴먼에러'가 발생하지 않도록 조치해야 한다.

회사의 소중한 고객 한 분 한 분의 케어 프로세스가 접점 인력 개인의 자체활동으로 진행된다는 것은 바람직하지 않다. 회사 시스템으로 반영이 어려운 자체 활동 성격이 있다면, 이후에서 서술할 'PDCA 프로세스'에 반영해서 공식적인 업무의 영역으로 확장해야 한다.

다른 경우로, 회사의 정책이나 제도의 변경으로 인해 의도하지 않은 오안내로 클레임이 발생할 수도 있다. 접점 인력은 본인의 의도가 아닌 회사의 제도 변경이라 어쩔 수 없다고 고객을 설득하려 할 것이다. 이 경우 고객 입장에서 가장 불편한 지점은 회사를 언급하는 것이다. 핑계로 받아들이게 된다. 고객 입장에서는 접점 인력과 회사가 구분되어 있지 않다. 접점 인력 자체가 회사인 것이다. 분리하는 것 자체가 고객 입장에서는 어불성설이다. 회사 정책이나 다른 요인으로 바뀌었다 하더라도 회사를 대표하는 입장에서 고객 케어에 임해야 한다, 고객은 이미 그러한 상황을 모두 알고 있을 것이다. 그리고 진심으로 케어 받고 있다는 사실에, 다시 신뢰의 싹이 트고 있을지도 모른다.

고객의 클레임을 제로(0)화하는 것이 당연히 목표이겠으나, 리더나 조직의 입장에서는 체질을 개선할 수 있는 더없이 소중한 기회가 되기도 한다. 단순히 당장의 고객 클레임을 해결했다는 관점에 머무르지 않고, 우리의 개선 포인트를 소중하게 얻었다고 여겨야 할 것이다. 물론 행동 유형에 따른 고객 응대 방법이 다른 것은 아니다. 다만 고객의 니즈에 맞게, 해야 할 일의 우선순위라고 판단하는 것이 좋을 듯하다.

4가지 행동 유형으로 고객 유형 분류 시 제품 사용 후 만족도가 합격점이라고 가정하고 지인에게 추천한다고 했을 때 어느 유형의 고객이 추천 빈도수가 높을까?

행동 유형 성향을 감안하면 주도형과 사교형의 추천 비중이 높을 것으로 예상된다. 필자의 경험으로도 주도형과 사교형의 추천이 높았다. 그러나 이것은 시점의 차이일 뿐이다. 신중형과 안정형 고객도 행동 유형의 특성상 추천의 시기가 초기보다는 본인이 확신이 든 이후에 추천하는 경향을 보이고 있었고, 특히 신중형과 안정형의 고객층은 한 번 신뢰가 형성되면 지속적인 추천 현상을 보였다.

잠정적인 결론이지만 행동 유형에 따라 추천의 빈도가 다른 것이 아니라는 것을 기억하고, 고객 케어 관점에서는 동일한 사안도 고객 행동 유형 스타일에 따라 '맞춤 케어'한다면, 그리고 매장의 특성을 고려하여 유형별 특징을 스스로 정리해 보고 고객 케어 관점에서 응대 요령을 재정의한다면, 고객 고도화 3단계에 휠을 가동하는 데 많은 도움이 될 것이다.

지속적인 성과를 내기 위하여: 성과 창출 곡선

내가 속한 회사의 상품 자체 경쟁력도 중요하지만
현장의 숙련된 고객 응대가 필수다

새로운 고객을 타깃으로 한 신제품이 출시되었다고 가정하자. 상품 개발 부서에서는 경쟁사와의 차별성, 고객 관점의 기능적 장점 등을 설명하며 고객 유치에 대한 장점을 강조할 것이다. 그러나 이것만으로 모든 신제품이 성공할 수 있는 것일까?

상품 자체의 경쟁력과 마케팅, 홍보 분야도 중요하지만, 고객 응대 접점에서 숙련된 인력의 고객 응대가 함께해야 제품이 성공적인 결과를 만들어 갈 수 있다. 하나의 상품을 성공시키기 위해서는 상품 자체의 경쟁력, 마케팅, 홍보, 접점 고객 응대 요소가 최적의 조화를 이루어야 한다는 것은 당연한 사실이다. 그러나 최적의 조화를 이룬 상품도 판매 조직에 따라 판매량의 편차가 크게 나타날 수 있으며, 혹은 상품력이나 마케팅 역량이 부분적으로 열세일지라도 지역이나 판매 채널에 따라 경쟁사보다 우위의 판매량을 보여주는 경우도 많다.

어떤 상품의 성공은 단순하게 작용하는 것이 아니라 상품력과 마케팅, 그리고 현장이 유기적으로 작동한다는 사실을 알 수 있다. 여기서 현장 리더의 활동 영역이 예상보다 매우 크다는 것을 짐작할 수 있다.

표1. 현장 역량 판단 그래프

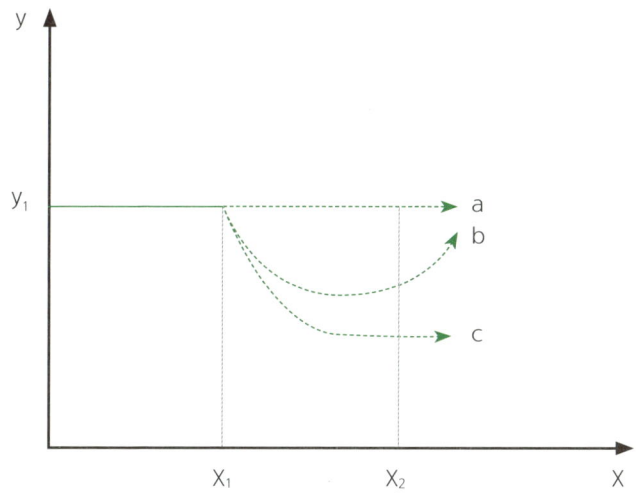

현장 역량의 중요성을 하나의 그래프로 예시를 들어보자.

X축은 기간을, Y축은 성과를 나타낸다. 출발 시점의 A상품은 경쟁사보다 가격은 비교적 열세이고 프로모션은 우위라는 두 가지 요소만을 고려하여, 판매 우위 상황으로 일정량의 성과가 나오고 있다. X1 시점에서 프로모션이 종료되어 경쟁사와의 상황은 가격만 비교적 열세인 상황으로 가정해 보자.

1. 지속 유지(a)
2. 일시적 하향 후 원래에 근접하게 접근(b)
3. 하향 후 그 상태 유지(c)

위의 그래프에서 1~3번 유형 중 2번과 3번이 가능한 상황으로 예측된다. 우리가 주목하는 것은 2번과 3번에 해당하는 조직이 현장 리더의 역량 관점에서 어떤 차이를 가지는지에 관한 것이다. 회사의 경쟁력보다 단위 조직과 리더의 역량에 대해서 논하는 이곳에서는, 2번 항목의 그래프가 나올 수 있도록 구성원의 고객 응대 역량과 같은 비가격적 요소로 조직을 리딩 하는 데 리더의 본질적인 에너지를 쏟아야 한다.

또 다른 예시를 들어보자. 상품 판매 부진 회의가 열리는 상황을 가정해 보자. 특정한 상품이나 상황을 예시로 들지는 않았지만, 판매 부진 회의라면 원인으로 아래와 같은 항목들이 논의될 것으로 예상된다. 기타 항목으로는 준비 부족이나 숙련된 고객 응대 인력의 부족 등 현장에서 발생하는 이슈들이 있다고 가정해 본다.

1. 상품 경쟁력이나 가격 경쟁력 열세
2. 마케팅 및 홍보 부족
3. 프로모션 열세
4. 기타

여러분이 속한 조직이 과거 특정 기간 성과가 부족하여 원인을 파악하는 자체 회의를 진행한다고 가정해 보자. 그렇다면 1번과 4번 항목 중에서 가장 많은 내용을 차지한 항목은 무엇이며, 4번 항목의 비중은 얼마일까? 필자의 경험으로는 이러한 회의에서 1번과 4번 항목의 비중은 매번 달랐으며, 이는 회사마다의 상황과 분위기에 따라 논의 주제의 비중이 다를 것으로 생각된다.

현장 리더의 관점에서 보면 1~3번 항목이 경쟁사보다 우위에 있는 것이 좋겠지만, 매번 그러한 상황을 유지하는 것은 현실적으로 어렵다. 현장 리더가 주도적인 결정 권한을 갖지 않는 경우에는 4번 항목에 관심을 가지는 것이 바람직하며, 구성원들과 소통할 때도 대안 가능한 제안을 도출할 수 있는 상황으로 볼 수 있다.

각 조직의 상황이 다른 경우를 고려하여, 여기서는 추상적으로 생각하는 것보다 직접 작성해 보는 것이 현장 상황 파악에 많은 도움이 될 것이다.

상품력의 발전은 매우 획기적이어서 이제는 특정한 기능이나 기술 요소로 고객을 확보하는 것이 어려워졌다. 고객 관점의 핵심 요소를 발굴하고 유지하는 것은 이제 기업의 생존 조건이다.

이러한 상황에서 현장 성과는 회사의 총체적인 경쟁력을 결정하는 것으로 보인다. 역설적으로, 고객 응대 인력의 역량 강화, 다변화 및 세분된 고객 접점에 대한 대응 역량 강화, 전사적인 행동 방침을 현장에서 유효하게 실천하는 상태 유지 등 현장 리더의 중요성은 더욱 커질 것으로 예상된다. 따라서 현장 리더의 역량 향상에 체계적으로 관심을 가진 회사는 장기적으로 경쟁 우위에 설 확률이 높아질 것이다.

표2. 성과 비례 그래프

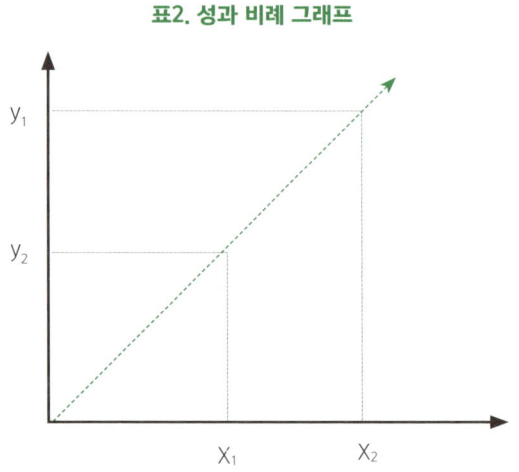

표3. 성과 창출 곡선 그래프

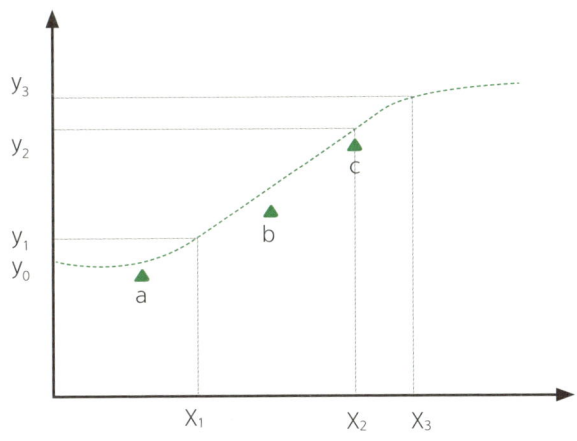

성과 창출 곡선

목표 달성을 위한 새로운 시도는 어느 정도의 리드 타임을 가지고 성과로 나타날까? 또한 반영된 성과가 일시적이 아니라 지속해서 유지되어야 한다면 어떤 과정을 거쳐야 할까?

성과를 창출하기 위한 개념의 그래프는 'S 커브'라고도 하며 '혁신 커브'라고 불리기도 한다. 필자가 팀장 시절 사내 행사에서 CEO 강의를 듣고 처음 접하고 매우 공감한 내용이다.

첫 번째로 제시한 비례 상승 그래프는 X축이 자원이나 실행력과 관련된 투입 측면이며, Y축은 성과 측면이다. 특정 시점에서의 투입량에 비례하여 성과가 나타나는 비례 상승형 그래프는 생산 시설 등의 생산 분야에 적용할 수 있다. 하지만 고객 응대 접점 등의 현장 상황에서는, 투입 즉시 결과가 비례적으로 나타나는 경우는 제한된 측면인 가격 정책이나 프로모션 등에 한정되어 나타난다.

이 경우에도 단기적으로 성과가 나타나지만, 자원의 지속적인 투입이 어려운 경우가 대부분이다. 지속해서 투입한다고 하더라도 이론적으로는 지속적인 비례 상승의 성과를 기대하기 어렵다. 리더의 관점에서 새로운 계획을 통한 실행이 즉시 성과로 비례해서 나오는 상황인지, 아니면 고객 관점이나 여러 내·외부 변수로 인해 일정 기간의 계획 개선이나 추가 활동이 수반되어야 하는지 판단해야 한다.

성과 창출 곡선은 S자 형태의 곡선 형태를 가지고 있다. X축은 자원의 투입을 의미하며, 여기에서는 단순한 물리적인 자원뿐만 아니라 목표 달성을 위한 다양한 계획을 포괄하는 관점의 유·무형 자원 투입을 의미한다.

특정 시점 X_1까지는 자원의 투입량을 늘려도 성과의 증가가 크지 않고 정체되는 현상을 보인다. 그리고 특정 단계에 도달하면 동일한 자원 투입에도 급격한 성과 증가가 보이며, 어느 시점에서는 성과의 성장 속도가 둔화하는 모습을 보인다.

새로운 제도나 계획의 실행이 즉각적으로 성과로 연결되는 것은 쉽지 않다. 아무리 철저한 사전 조사와 준비를 해도 실행 단계에서는 고객이나 시장 상황에 따라 여러 가지 문제가 발생할 수 있으며, 이를 빠른 속도로 개선하고 대응하는 능력에 따라 X1~X2 구간을 벗어나 X3 구간으로 진입할 수 있다.

X1~X2 구간에서는 수립된 계획이 현실성이 있는지, 실행의 주체인 현장 인원의 훈련 수준이 원하는 상태까지 도달했는지를 판단하는 좋은 기회이다. 제대로 준비된 계획이 아니라면, 이 구간에서 근본적인 원인을 파악하고 다시 준비하는 것이 현명하다.

그러나 대부분의 리더는 X1~X2 구간에서의 핵심 요소를 이해하지 못하고, 조급함 등의 이유로 성과 창출과 관련이 적은 이슈에 관심을 가지기도 한다. 이는 경계해야 할 부분이다. 성과 창출이 부족하다고 느껴지는 X1~X2 구간은 이후 설명할 PDCA(Plan-Do-Check-Act)의 선순환 사이클의 첫 단계에 해당하기도 한다.

X1~X2 구간에서의 문제 해결이 되었다면 구체적인 성과 창출 구간인 X2~X3 구간으로 진입하게 된다. 현장에 맞는 개선이 완료된 상태이므로 조직이 성과 창출에 몰입하는 이상적인 구간

이다.

X3~X4 구간은 어떤 계획도 일정 기간이 지나면 한계 효과 체감의 현상으로 성과 증가 폭이 둔화하는 구간을 의미한다. 이는 새로운 목표와 실행 계획이 필요한 시기이다. 또한, 이 구간은 현재의 S 커브가 하나의 독립된 곡선이 아니라, 또 다른 S 커브로의 점프를 위한 구간일 수도 있다.

필자는 성과 창출 곡선을 통해 설명하였지만, S 커브는 여러 분야의 상황에 대입하여 설명할 수 있다. 하나의 계획이나 제도, 정책이 실행 즉시 우수한 성과를 내는 것은 아니며, 실행 초기에 빠른 대처와 보완을 통해 실행의 목적을 충분히 실현할 수 있다는 의미를 기억해야 한다.

현장 리더 관점에서는 상품의 경쟁력, 마케팅, 홍보 등 상위 요소를 절댓값으로 두고 판매 전략을 수립하는 것보다, 구성원의 고객 응대 역량 강화와 현장 자체 활동만으로도 조직의 핵심 요소로서 의미를 부여할 수 있다. 사전에 파악한 고객 반응도 다양할 것이다. 이럴 때는 높은 성과를 내기 위한 사전 단계가 필요하다. 다양한 측면에서 인사이트를 얻을 수 있는 계획 중심으로 설계하고, 최대한 빠르게 고객과 접촉하여 핵심 플랜을 구성해야 한다.

'현장의 소리'는 균형점을 가지고 경청하자

현장에서 만나는 고객의 소리에 귀를 기울이자

고객이 불편을 제기한다.
판매 현장에서 문제가 생겼다.

이런 상황에서 당신은 현장으로 뛰어가 고객을 직접 만나본 적이 있는가?

고객 클레임이 발생하면 현장은 관련 내용을 문서로 보고한다. 매뉴얼에 따라 조직은 현장 이슈를 파악하고 검토해 조치를 취한다. 정해진 매뉴얼에 따른 것이긴 하지만 다소 단편적이고 평면적인 접근일 경우가 많다. 내부 보고를 통해 관련 상황 보고가 올라

오지만, 접점 인력 관점이나 회사 관점에서 처리하는 오류를 범하기 쉽다. 이것만으로는 문제의 본질을 파악하기 어렵다.

리더라면 소속 조직에서 발생하는 고객 불만을 적어도 한 달에 10건 이상 직접 만나서 들어 봐야 한다. 문서를 통해 보는 내용보다 현장의 문제점을 파악하는 데 훨씬 큰 도움이 될 것이다.
고객센터로 접수된 고객의 '리얼 보이스'를 직접 들어보거나 텍스트화한 것을 보면 문서로 보고된 것보다 훨씬 강한 강도의 고객의 불편함을 체감할 수 있다. 그리고 그 내용의 대부분은 고객 관리 단계의 구조적인 문제도 있지만, 단순한 화법이나 사소한 약속 불이행, 그리고 판매 후 '나 몰라라'라는 식의 접점 인력의 태도에 분노하는 내용도 많다.
최고경영자가 호소하는 고객 만족의 중요성은 고사하고, 기본적인 응대에서 고객의 마음을 놓치는 경우가 많다. 조직은 '고객 관리 고도화 3단계'를 지향하지만, 끝단의 상황은 기본적인 응대조차 부족한 경우가 많다. 리더가 현장에서 고객을 만나는 것이 중요한 이유는 단순히 현장에 솔선수범하는 모습을 보이기 위한 것이 아니다. 고객의 생생한 목소리를 들어야 우리 조직의 수준을 정확하고 객관적으로 볼 수 있고, 현장 접점 인력의 목소리를 객관적으로 판단할 수 있기 때문이다.

흔히 현장에 답이 있다고 한다. 당연한 이치다. 현장에서 만나는 고객의 의견이 소중하고, 중요하다. 하지만 접점 인력의 경우 객관적인 관점보다는 개인적 시각을 바탕으로 보고하는 경향이 있기 때문에 고객의 관점을 충분히 파악한 후 접점 인력의 의견을 경청해야 균형적인 시각을 갖게 된다.

특히 신제품 출시의 경우나 주력 상품이 아닌 경우, 접점 인력의 해당 제품의 판매 역량이나 개인 선호도에 따라 권매 스타일이 극명하기 다르기 때문에 엉뚱한 의견이 반영되는 난센스 상황도 발생한다.

A라는 제품의 사례이다. A 제품은 기존 제품에 특정 연령대를 타깃으로 두 가지 기능의 상품을 하나의 상품으로 구성한 일종의 복합 상품이다. 제품이 출시된 후 현장에서 고객 반응을 직접 모니터링하면서 상황을 점검하던 중 접점 인력의 의견이 정반대로 나타나는 현상이 나타났다.

한 그룹은 새로 출시된 제품이 폭발적인 호응이 있는 것은 아니지만 관심을 보이는 고객층이 존재하고 유의미한 판매채널 확보가 가능한 것으로 확인했다고 보고했고, 다른 그룹은 기존 제품과 크게 차별화된 점이 없어서 고객의 관심을 끌기에 부족하고 접점 인력조차 사용상의 불편함을 피력했다.

개인적 선호도가 있겠지만 극명하게 상반된 두 가지 의견이 왜 발생했을지 궁금해 분석해 보았다. 아이러니하게도 매장 입지와 타깃 고객층이 크게 다르지 않았고, 접점 인력의 판매 역량도 크게 차이 나지 않았다. 그렇다면 무엇이 상반된 의견이 나오게 했을까? 다행히 해답을 찾는 데 오래 걸리지 않았다. 원인은 제품 출시 초기 판매 경험의 유무에 따른 자신감과 판매자의 상품에 대한 긍정적인 인식에 있었다.

판매 경험이 있는 그룹은 초기 판매 경험을 통하여 고객의 니즈를 조금 더 다양하게 파악할 수 있었고, 또한 고객이 불편이 느끼는 부분에 대해 자연스럽게 고객 입장에서 해소해 드리는 상담 팁까지 확보하고 있었다. 이런 경험은 이후 상담에 도움이 되는 경험 및 노하우 축적으로 자연스럽게 발전되었고, 새로운 예비 고객에게 권매하는 데 부담이 없는 환경을 만들어 주었다.

반대로 판매 경험이 없는 그룹은 초기 권매를 소홀히 하다가 판매 기회를 놓쳤고, 실적 저조에 의한 페널티를 면하고자 최소한의 억지 판매를 하다 보니 해당 상품에 대해 더욱 부정적인 인식을 가지게 된 것이었다.

현장 의견과 상황 파악이 모든 의사결정의 기본이지만, 균형적이고 정확한 현상 파악이 안 된다면 오히려 혼란을 가중할 수 있다. 특히 중간 조직 리더는 현장 의견을 통한 업무 반영 시 반드시 현장 끝단에 대한 다각적 체크를 통해 균형 잡힌 의견이 반영되도록 해야 한다.

또한 올바르고 개선이 필요한 현장의 제안이라 하더라도 업무

제도 반영 시 공유하는 인력의 규모나 우선순위에 따라 적절한 시기를 두고 반영해야 한다. 아무런 사전 준비 없이 현장 의견을 수용해서 반영할 경우 오히려 현장에 혼란을 일으킬 수 있다.

전쟁이 아닌 전투에서 승리하려면

우수인력 확보는 전사 경쟁력과 일치하지 않는다
오히려 현장 리더의 영향력이 더 크게 작용한다

현장 리더만이 가지는 강점은 무엇일까?

전사 경쟁 상황을 전쟁이라면, 현장 리더가 수행하는 업무는 전투라고 할 수 있다. 당연히 전사 경쟁력이 현장에 많은 영향을 미치겠지만 반드시 전사 경쟁력과 현장의 결과가 일치할까? 답은 당연히 '아니다'이다. 전사 경쟁력이 다소 열세이어도 경쟁성과를 올릴 수 있는 전투 승리의 개념, 그리고 현장 리더만이 누릴 수 있는 전투 승리의 핵심 키워드는 무엇일까? 그것은 바로 '잘 훈련된 인력'이다.

리더는 전사의 업계 목표와 별개로 나만의 경쟁성과 목표를 가져야 한다. 경쟁성과 목표는 앞서 서술한 도전적인 목표와 비슷하지만, 조금은 다른 의미를 가진다.

대부분의 기업은 동종업계 기업과 성과를 치열하게 경쟁한다. 1위 업체가 전통적으로 경쟁력이 월등한 상태에서 2, 3위 업체가 치열하게 경쟁하는 경우도 있고(1强 2中), 1, 2위 업체가 비슷한 구도를 형성하는 경우(2强) 도 있다. 업종별 경쟁 상황은 매우 다양하다.

전사 관점에서의 경쟁 성과는 단위 조직 리더 역량의 합이라기보다는 브랜드 이미지나 마케팅, 홍보 등의 종합 전력의 결과이고, 경쟁성과의 변동은 경쟁사의 또 다른 반사 활동을 촉발한다. 대부분의 현장 리더는 이러한 전사 경쟁력에 따른 성과가 단위 조직 결과에 결정적인 영향을 미친다고 생각한다. 그리고 현장 리더 회의에서도 이러한 지점에 관한 많은 논의가 되고 있다.

하지만 고객 입장에서는 전사 경쟁력과 무관하게 접점 인력의 응대 만족도에 따라 구입 의사결정이 이루어지는 경우가 많다. 이는 역설적으로 현장 리더만이 가지는 강점의 영역이 많음을 의미하지만, 이를 간과하고 열세인 마인드로 임하는 경우도 왕왕 있다.

판매 방정식에서 본 것처럼 우수인력 확보는 전사 경쟁력과 일치하지 않는다. 오히려 현장 리더의 영향력이 더 크게 작용한다. 여러 번 언급한 대표이사 관점과 리더의 도전적인 목표는 이러한 결과를 만든다.

선도 기업이 아닌 일반 회사의 충성고객은 그 회사의 제품에 매료되기보다는 나를 응대한 접점 인원에 매력을 느끼는 경우가 많다. 제품에 대한 일정 부분의 불편함을 기꺼이 수용하는 경우도 많다. 응대 접점 인원 입장에서도 자사 제품에만 관심을 가지는 고객만이 아니라 경쟁사의 제품을 쓰고 있는 고객까지 모두 자신의 발전을 도와줄 엄청난 잠재 고객이다.

하지만 접점 응대에 입사하는 모든 인력이 고객 관리 3단계의 마인드를 가지고 들어오는 것은 물론 아니다. 또한, 현재 직업을 평생직장으로 생각하지도 않을 것이다. 그러다 보니 잠재적인 고객이 될 수 있다는 걸 감안해서 응대할 리 만무하다. 그리고 이러한 상황에서 리더 역시 물리적인 시간이나 회사 내의 시스템이 부족하다고 생각해서 자신이 할 수 있는 일의 범위가 제한적이라고 생각할 수도 있다.

하지만 새로운 관점에서 바라보아야 한다. 도전적인 목표와 일의 목적 수립은 사내 시스템이나 물리적 시간의 문제가 아니라, 지속적인 성과를 창출하고자 하는 리더가 가져야 할 모습이다. 우리는 예측대로, 계획대로만 인생을 살지 않는다. 현실적으로 그럴 수도 없다. 한 달 동안 잠시 근무한 아르바이트가 인생을 바꿔놓을 수도 있다.

적어도 고객 응대 접점에 근무하는 인력이라면 개인적으로도 본인이 맡은 업무가 회사의 매출에 결정적인 역할을 하는 중요한 임무이며, 나의 한 마디에 고객이 감동할 수 있다는 목적의식을 가져야 한다. 구성원에게도 회사를 대표하는 중요한 자리임을 항상 공감하도록 해야 한다. '과연 접점 직원이 여기에 공감할까'라는 고민에 깊이 빠지지 않아야 한다. 그전에 그러한 마인드가 구성원 본인에게도 어떤 선한 영향을 미치는지 정확하게 설명해 줘야 한다.

그렇다면 구성원은 어떤 선한 영향력을 받을 수 있을까?
금전적인 가치만으로 선한 직원을 만들 수는 없다. 본인의 업무가 단순 응대든, 고객 유치를 하는 세일즈 측면이든, '나'라는 사람을 통해 서비스에 대한 이해가 높아진 고객이 나에게 고마워하고, 그러한 과정이 '나의 역량을 키워나가는 기회'라고 인식하는 것이 중요하다. 자신의 자리를 성장의 포텐셜로 인식하는 것이다. 사람은 사회적 동물이다. 사람과의 관계는 죽을 때까지 계속된다. 나에게 이익이 되는 상황만을 기다리는 삶은 얼마나 안쓰러운가.

지금 나와 만나는 고객에게 최선을 다하며 나의 역량을 높여간다면 선한 영향력 아래 놓이게 되고, 연쇄적으로 긍정적인 효과를 누릴 확률이 커진다. 고객은 이미 고도화되어 진심이 담겨있지 않은 서비스에 감동하지도, 고마워하지도 않는다. 그리고 진심이 없는 행동을 반복하는 것은 직원 본인에게도 습관으로 굳어져, 설령 좋은 기회가 온다고 해도 그 기회를 놓치기 일쑤이고, 운이 좋아 그 기회를 잡는다고 하더라도 좋은 결과를 지속하기는 어려울 것이다.

판매 우수 인력은 단순하게 많이 파는 인력이 절대 아니다. 많이 파는 인력이 나중에 문제가 되는 경우도 허다하다. 여기서 얘기하는 우수 인력은 자신의 성장 포텐셜을 충분히 공감한 상황에서 회사가 요구하는 역량을 갖춘 인력을 의미하는 것이다.

이 책에서 언급하는 역량 인증제의 경우, 사전 조건을 반드시 체크하지 않으면 과정이 변질되어 제도 자체의 낭비가 발생할 수도 있다.

이러한 제도에 인센티브를 제공하는 경우가 많은데, 리더가 제도의 본질을 이해하지 못하고 단순히 역량제가 가져다주는 인센티브만을 강조하는 잘못된 사례도 많기 때문이다.

현장 리더가 할 수 있는 영역은 광대하다.

역량 인증을 통한 우수인재 육성

'S급 인재육성'과 '우수그룹의 육성' 두가지 과제로
현장 리더의 '영원한 KPI'는 '훈련된 인력 육성'의 지혜를 가져보자

어느 날 갑자기 실적이 급락한 매장이 있었다. 원인을 살펴보니 최고 판매 실적을 가진 A의 퇴사가 주요 요인이었다. 있을 수 없는 일이 벌어진 것이다. 적어도 그 매장에서 리더의 역할은 없었다. 아마도 소수 인원이 매장을 좌지우지했을 것이다. '스타플레이어'에만 의존해서는 안 된다.

현장 리더의 '영원한 KPI'는 '훈련된 인력 육성'이다. 주관적 판단을 내리는 것은 금물이다. 회사에서는 객관적 수준의 역량 인증 수준을 가지고 판단해야 한다.

한 가지 가정을 해보자, 우등생이 6명이고 열등생이 4명인 학

교 교실을 가정해 보자, 이 반의 학습 분위기는 어떨까?

열등생 4명은 우등생 분위기에 동조할 가능성이 클 것이다. 반대로 열등생이 6명이고 우등생이 4명인 상황이면 어떨까? 열등생이 우등생의 분위기에 동조할 가능성은 작아 보인다(최상위자와 최하위자는 분위기의 영향을 적게 받는다는 가정은 예외로 해두자). 결국 교실의 학습 분위기를 결정하는 인원은 2명이다. 20%의 인원에 따라 전체적인 분위기가 달라질 가능성이 높다. 모든 학생에게 집중하는 것보다 훨씬 전략적으로 보인다.

필자가 생각하는 인력 육성의 관점은, 조직 전체 구성원의 변화에 영향을 미칠 수 있는 요소를 발굴하여 공략하는 것이다. 대개 최우수자의 우수사례의 복제를 통해 조직의 성과를 올리려는 시도를 많이 한다. 당연한 일이고 반드시 우수사례를 적극 적용하는 조직문화를 만들어야 한다. 하지만 새로운 시각에서, 조직 내의 분위기를 전체적으로 '해보자'라는 방향으로 만들기 위해 특정 그룹의 육성도 전략적으로 병행하는 것도 리더에게는 매력적인 전략이다.

상위 1%에 해당하는 S급 인재가 회사의 경쟁력에 기여하는 기여도는 엄청날 것이다. 판매 부분에서도 최고 판매 인력의 기여도 또한 클 것이다. 많은 조직에서 이러한 S급 인재의 육성과 확산을 위해 다양한 시도를 하고 있다. 하지만 S급 인재의 성공사례가 회사에서 제시하는 방향성과 과정에 체계화된 것이 아닌 '개인적인 특성'이 많이 포함된 사례라면 복제, 확산의 단계에서는 검토할 사항이 많다. 섣부른 복제 확산은 또 다른 부정적 상황에 빠질 수 있다. 리더 입장에서는 개인 한 명의 스타성보다는 팀워크에 입각한 조직 분위기의 긍정적 상황 개선이 우선이다.

전체 인원 모두를 우수인재로 육성하겠다는 단순한 계획보다는 1단계로 중간 이상으로 육성할 그룹을 정하고 (최하위 그룹은 1단계 대상에서 제외한다) 훈련 계획을 수립하는 것을 제안한다. 1단계의 결과가 성공적이라면 중간 수준 이상의 성과를 내는 구성원의 비중이 높아질 것이다. 당연히 팀 분위기도 바뀌어 있을 것이다.

고객의 입장에서는 상품 자체의 만족도 이상으로 회사 서비스를 정확하게 이해하고 나에게 제대로 된 안내와 예상되는 불편함을 세심하게 알려주는 판매자가 최고이다.

누군가에게 자신의 제품을 설명하고 추천할 때(선도 기업에 자체적으로 '충성고객'화 되는 경우를 제외하고), 고객에게 특화된 상품 지원 '전문 서포터'가 되어야 한다. 고객은 그런 직원을 기억하고 추천할 것이다.

고객이 주변에 특정 제품을 소개할 때, 저렴한 가격 요소는 일부만 작용한다. 고객은 응대하는 직원을 통해 '내가 최고의 서비스를 받고 있다'고 느끼며, 이에 주변에도 이런 서비스를 받을 수 있게끔 추천하게 될 것이다.

성과 창출을 위해 가장 수준 높은 역량을 보유한 고객 응대 전문가 육성은 매우 중요하다. 실제 이러한 중요성을 인지한 많은 기업은 고객 응대 접점 인력의 역량 인증제를 도입하고 있다.

하지만 모든 기업이 이 방식에 성공적인 결론을 만들어 내고 있지는 않다. 몇몇 기업을 제외하면 오히려 실패하는 기업이 더 많다. 앞서 이야기한 것처럼 제도 자체의 본질을 조직에 이해시키고 인증에 대한 지표를 과정지표로 삼아야 하는데, 과정지표 자체를 목표로 인식하는 오류가 발생할 수 있다. 이럴 경우 제도는 있으나 실제 파급효과는 현저히 떨어지기도 한다.

회사에서 이러한 제도를 운용한다면 최고경영자는 진심으로 고객 관점에서 운영하는 마인드의 소유자가 되어야 한다. 현장은 제도가 오용되지 않도록 끊임없는 개선을 통해 해당 조직만의 역량 인증제를 만들어야 한다. 그리고 후임자도 제도의 중요성을 인식하고 다음 후임자에게 계승해야 한다.

성과 창출 방정식의 핵심은 리더와 구성원이 고객 응대 접점의 중요성과 포텐셜을 인식하는 것이다. 그리고 상식적이지만 상품 내용을 완벽하게 이해해야 한다. 처음에는 단순 암기로 시작할 수 있으나, 고객과의 지속적인 접촉을 통해 상품의 장점을 소구하고 고객 입장에서 느낄 수 있는 불편함을 개선하는 노력도 병행해야 한다.

제 4 장

PDCA

PDCA의 개념

:

**PDCA는 조직이 지속해서 발전하고 향상되는
중요한 실마리를 제공한다**

성과 창출에 대한 관점에서 아래와 같이 서술하였다.

조직의 목표를 주도적으로 설정하고, 달성할 수 있는 계획을 수립하여 구성원의 역량으로 실행하고, 실행 시 발생하는 문제의 원인을 분석하고 보완책을 다시 실행계획에 반영하여 성과를 달성하는 것. 그리고 <u>이러한 과정을 반복하여</u> 성과 창출 선순환의 구조를 만드는 것.

언급된 내용을 그림으로 표현하면 이렇게 표현할 수 있을 것이다.

달성 가능한 계획을 수립: plan

구성원의 역량으로 실행: do

문제 발생의 원인 분석: check

보완책을 실행계획에 반영: act

올바른 과정의 반복을 통한 : 반복 실행

이 과정을 통해 지속적인 성과 창출 선순환 구조를 만드는 것

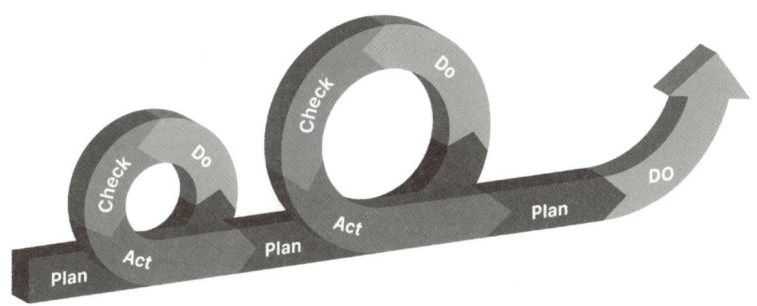

과정 중심의 업무 기법 PDCA를 간단히 개념적으로 설명해 보았다. 지속해서 뛰어난 성과를 이루기 위한 과정의 중요성에 대해

누구나 공감하지만, 실제 리더가 과정 자체를 관리하고 향상시킬 수 있는 기법이나 자료는 생각보다 많지 않다. 문제 해결 능력, 팀원 개발을 위한 코칭 기술 등의 기존 교육 프로그램은 특정한 결과 또는 상황에 초점을 맞추고 있기 때문에 지속해서 활용하기에는 다소 부족한 면이 있다. (여기서 설명하는 PDCA는 개인적인 관점에서 해석하고 설명하는 단계임을 밝힌다.)

이런 측면에서 PDCA는 개념도 단순하고 매우 효과적인 도구이다. 명쾌한 단어로 구성되어 직관적이다. 실제 PDCA를 적용하다 보면 작성에 어려움을 호소하는 경우가 많은데, 이는 개념 자체보다는 실행 과제의 과정이 명확하지 않은 경우가 대부분이다. PDCA가 어려운 경우 실행 과정에 대해 다시 검토해야 한다는 것을 잊지 않도록 하자.

PDCA는 에드워드 데밍(Edward Deming)이 개발한 개념으로, "Plan-Do-Check-Act"의 약어이다. 연속적인 개선과 품질 관리를 위한 주요 방법론 중 하나이다. PDCA는 다음 네 단계로 구성된다.

Plan 계획

먼저 문제를 식별하고 목표를 설정하며, 어떻게 문제를 해결할 것인지 계획을 수립한다. 이는 현재 상황을 분석하고 목표를 설정하고, 해결책을 개발하는 과정을 포함한다.

Do 실행
계획을 바탕으로 작업을 실행한다. 개선을 위한 실제 작업을 수행하는 것을 의미한다.

Check 검토
실행된 작업의 중간 결과를 점검하고 평가한다. 이는 목표 달성이 가능한지를 확인하고, 문제가 발생했다면 원인을 파악하고 개선에 반영한다.

Act 조정 / 개선
검토 단계에서 얻은 정보를 기반으로 개선 조치를 취한다. 문제가 발견되면 수정하고, 계획을 개선하고, 프로세스를 최적화하려는 노력을 기울인다.

PDCA은 반복 활동을 통하여 지속적인 개선을 가능하게 하며 품질관리 기법으로 유명하지만, 여러 분야의 프로세스 개선, 문제 해결, 프로젝트 관리 등에 다양하게 활용된다.

내 인생의 경쟁력, PDCA

:

PDCA는 특별한 경영 기법이라기보다
과정 관리에 특화된 일종의 업무 철학이다

무작정 열심히 뛰었던 리더 시절, 지금 생각하면 미친 듯한 열정과 에너지로 버티고 버텼던 시기였다. 생각한 것은 과감하게 실행하려고 했고, 고민보다는 행동으로, 설득과 설명보다는 솔선수범으로 조직을 이끌었다. 설사 실패하더라도 그 실패 경험을 다시 도전할 수 있는 더 큰 에너지로 삼으려 했었다.

어려운 경쟁 여건을 탓하지 않았고, 그것은 회사가 극복해 줄 것이라 믿었다. 난 내가 맡은 '전투'에서 반드시 승리하겠다는 생각만 했다. 집념이었고, 그 집념을 에너지 삼아 구성원과 함께했다. 그러던 나에게 변화가 생겼다.

PDCA를 처음 접한 것은 일본 도요타 연수로 기후 차체 제작소를 방문했을 때였다. 그곳에선 제작 공정의 불량률을 줄이기 위해 오래전부터 PDCA를 도입하여 진행하고 있었다. 현장 게시판에 부착된 PDCA를 보니 형식적인 캠페인이 아닌, 실제 업무와 밀접하게 맞물려 적용되고 있었다.

　　현업으로 복귀한 나는 PDCA에 대해 자료를 수집하고 공부했다. 알면 알수록 단순한 개념이란 걸 깨닫게 됐고, 우리 현장에 적용해도 큰 어려움이 없을 것으로 생각했다. 그리고 철저한 준비 없이 성급함이 앞선 상태에서 매장별로 PDCA를 시작하였다. 하지만 내 생각이 착각임을 깨닫기까지는 오래 걸리지 않았다. 실행 과정에서 발생한 문제에 실제 적용하면서 발생하는 현상들에 적잖이 당황했다. 그때만 하더라도 과정의 중요성이나 체득, 문제 해결에 있어서 근본적인 해결의 역량 등이 부족한 시기였으니, 어떻게 보면 당연한 결과였다.

　　PDCA는 단순히 정해진 계획의 진행 여부를 점검하는 공정관리가 아니다. PDCA는 정해진 목표에 대한 달성 여부에 따라 근본적인 원인을 파악하여 해결책을 제시하는 솔루션이었다. 쉽게 접근한 나의 시도는 곧 수많은 질문을 맞닥뜨리게 되었다.

　　단순하게 표를 작성하는 방법부터 계획을 세워야 했다. 철저한 준비에 의한 실행보다는 적극적인 실행을 우선시했던 나는 매우 당황했다. 일단 질문이 매서웠고 이전의 질문과는 달랐다. 또 하나의 현상은, 형식으로만 생각하고 수동적으로 작성하려는 구성원이 대부분이었고, 그러니 단순한 질문이 많았다. 그동안은 본사로부터 주어진 목표를 달성하는 것이 최우선 순위였고, 나머지는 그 다음이었다. 그러다 보니 어떻게 할 것인지에 대한 내용을 작성하는 데 혼선과 혼란이 있는 것은 당연했다. 준비가 덜 된 리더가 사고를 친 셈이었다. 개인적으로 너무 혼란스러운 시간이었고, 그 시간은 3개월에 달했다.

하지만 약간은 오기가 생겼고, 끝까지 해보자며 시도했던 PDCA는 결국 내 인생의 경쟁력으로 스스로 평가하는 단계에 이르렀다. 가장 큰 변화는 PDCA를 통해 반복 훈련을 한 결과 우리 조직은 본사의 지원 정책과 무관하게 우리 조직만의 경쟁력을 가진다는 공감대를 형성할 수 있었고, 가격정책에서 탈피하여 고객 관점의 응대 매뉴얼을 만들어 철저하게 훈련해서 본사 지원과 무관하게 성과를 낼 수 있다는 자신감을 얻게 되었다.

우리만의 차별화된 자신감을 얻고 그것이 구체적인 성과와 연결되다 보니 조직의 에너지는 넘쳐흘렀고 선순환의 상황이 지속 발생하였다.

그러던 어느 날 본사의 지원 정책이 대폭 커졌고, 전사 경쟁력이 경쟁사를 압도하게 되었다. 타 조직도 당연히 성과가 향상되었다. 반대로 우리 조직만의 차별화된 경쟁력이 오히려 묻히는 상황이 벌어졌다. 전사의 지원 정책 확대를 원망하는 상황까지 벌어졌다.

하지만 교훈은 다른 곳에서 찾을 수 있다. 전사 지원 정책 덕분에 특별한 노력 없이도 성과가 나오다 보니, 타 조직은 이내 매너리즘에 빠지기 시작했다. 전사 지원 정책이 줄어들면 성과도 줄어들기 마련이었다. 하지만 우리 조직은 전사 지원 정책과 크게 상관없이 지속적인 성과를 유지하고 있었고, 이런 우리에게 벤치마킹 차원에서 찾아오는 타 조직 리더와 구성원들이 있었다. 하지만 대개는 과정에 대한 관심보다는, 단기적 성과를 위한 테크닉과 스킬에 관심을 가지다 보니 큰 효과를 본 조직은 별로 없었다.

그때 느낀 것이 바로 '선순환의 사이클'을 타는 것이 중요하다는 것이었다. 그것은 곧 PDCA를 통해 이룰 수 있는 것이다. 이때 체득한 과정 중심의 사고와 실행력은 이후 나의 기본적인 행동양식으로 공고히 할수 있었고 나의 행동규범이 되었다.

보통 우리가 목표 달성을 위한 업무 프로세스를 정의한다면 "계획을 수립하고, 수립된 계획의 실행 여부를 점검한 뒤 실행 결과의 목표 달성 여부에 따른 원인을 파악하고, 차후 계획에 반영하는 일련의 과정"이라고 정의할 수 있을 것이다. 그리고 이는 모든 조직과 모든 업무에 공통으로 적용되는 기본적인 개념이 될 수 있다.

PDCA는 단어 그대로 Plan, Do, Check, Act이다. 이렇듯 단순하고 상식적인 내용이 획기적인 과정 관리 툴이라고 하니, 아이러니처럼 느껴질 수 있다. 실제 PDCA를 적용한 시트들을 보면 과학적으로 정교하게 분석한 복잡한 툴이 아닌, 빈 용지에 4개의 칸으로 그려진 지극히 단순한 양식만 있을 뿐이다. 그러다 보니 실제로 처음 PDCA를 적용하려다 보면, 작성과 실행에 많은 어려움을 호소하기도 한다.

PDCA는 획기적인 경영 툴이 아닌 과정의 본질에 입각한 업무 추진 철학이라고 이해하면 좋을 듯하다. 명인이 최고의 작품을 만들기 위해 수많은 시행착오를 거듭하는 것처럼 지속적인 성장을 하기 위한 조직의 도전은 수많은 시행착오와 반복을 통해서만 가능하다. PDCA는 회사의 단기적 성과를 위한 솔루션이 아니다.

리더의 가져야 할 핵심 가치는 구성원의 역량 강화를 통한 성과 기여이다. 리더가 이러한 과정 중심의 업무 철학을 가지고 구성원과의 공감대를 형성하고 통찰력 관점에서 접근하면 좋을 것이다. 누구도 예측하기 힘든 불확실한 상황에서 단위 조직의 리더는 성과 예측이 가능하다.

이는 PDCA가 가져다주는 대단한 결과물이다. 많은 기업에서 계획 수립과 과정 중심의 실행을 가치로 둔다. 그리고 이에 따른 결과 예측을 진행하지만 과정 관리 관점에서 제대로 된 프로세스를 진행하는지는 단순한 한 가지만 대입하면 명쾌하다.

"주어진 실행계획을 모두 달성하면
주어진 목표를 달성하는데 충분한 것인가?"

　PDCA의 본질이 이러하니 활용 분야는 특정하게 한정되어 있지 않으며, 다양하다. 제조공정 분야, 프로젝트 관리, 영업성과 관리뿐만 아니라 구성원 인재 육성 관점에서도 가능하다. 목표 수준과 주기, 방법에 대해서도 당연히 다룰 수 있다.
　PDCA는 특별한 경영기법이라기보다 과정 관리에 특화된 일종의 업무 철학이다. 회사에서 주어진 목표관리와 더불어 성과 창출의 관점에서 설명하였듯이 조직 자체의 도전적인 목표설정에 더 효과적이다.

Plan: 성과 창출의 결정 시점 & 업무의 우선순위

주어진 목표나 과제는 반드시
달성할 수 있는 계획만이 유효하다

PDCA에서 가장 중요한 단계는 계획 수립 단계이다. 이 단계는 과제를 달성하기 위한 계획을 세우는 과정으로, 단순히 과제를 실행하는 것이 아니라 '목표를 반드시 달성해야 한다'는 관점에서 작성하는 것이 중요하다.

우리가 과제나 목표를 달성하기 위한 계획을 세울 때, 종종 관성적으로 작성하거나 형식적인 내용으로 채우는 경우가 종종 있다. 이러한 경우 소요되는 시간과 노력이 계획 수립에만 낭비되는 상황이 발생할 수 있다. 많은 조직이 간절함과 절박함이 누락된 계획 보고서를 작성하는 데 시간을 낭비하는 사례도 흔히 찾아볼 수 있다.

이제부터 형식적인 달성 계획이 아닌 간절하게 목표를 달성하겠다는 마음으로 시작해 보자.

계획 작성 요령
계획 작성 시 필자가 추구하는 핵심 키워드는 다음 3가지이다.

1. 목표 달성이 가능한 실행 항목을 목록화한다.
2. 목록화된 항목을 세분화한다.
3. 세분화한 항목을 정량화한다.

1. 실행 과정의 목록화
먼저 목표를 달성할 수 있는 항목이 무엇인지를 찾아야 한다, 목록화된 실행 항목을 목표 달성의 기여도가 클 것으로 예상되는 순서대로 우선순위를 정한다, 예를 들어 A 상품의 판매 목표를 전월 대비 30% 증가한 130대로 목표를 설정했다고 가정하자(가장 단순화한 예를 들어본다).

위의 목표를 달성할 수 있는 실행 과제를 목록화해 보면, 판촉 활동 강화, 사은품 증정, SNS 홍보, 상담 건수 확보, 판매 성공률 증대, 내방 고객 확보 등 다양할 것이다. 리더 혼자의 독단적인 결정이 아닌 구성원과 논의 과정을 거쳐 목표 달성에 직접적으로 영향을 미치는 항목, 달성을 위한 과정의 항목 구분 없이 모두 목록화하는 것이 중요하다. 이 단계에서 특정한 숫자(예를 들어 20개 내외)를 정해서 목록화해 보자.

A 상품의 판매 목표 130대를 위해 필자는 6개의 항목을 제시하였다. 이 책을 읽는 독자는 본인이 특정한 상품을 대입하여 6개가 아닌 20개의 항목을 가정하여 작성해 보자. 20개의 항목이 목표 달성에 어느 정도 현실성이 있는지와 상관없이 처음에는 20개의 항목을 작성해 보는 훈련이 중요하다.

20개의 항목이 구성되었다면 이제 목록화된 내용 중 목표 달성에 가장 기여도가 높을 것으로 예상되는 우선순위 순서로 정리해 본다. 위 6가지 항목에서 단순 비교해 보면 사은품 증정보다는 내방(접촉) 고객 증대가 목표 달성에 있어서 우선순위로 보인다.

2. 항목의 세분화

우선순위로 목록화된 항목이 결정되었으면 이제 세분화하는 단계이다. 이 단계는 세분화란 말 그대로 항목을 조금 더 구체화하는 단계라고 할 수 있다. 왜 구체화라는 단계를 거쳐야 할까? 대부분의 항목은 아직 추상적이고 포괄적인 범위를 가지고 있는 상태가 대부분이다. 예시로 제시한 내방(접촉) 고객도 요일에 따라 주중 고객인지, 주말 고객인지, 접촉 형태에 따라 기존의 가망고객인지, 신규 접촉 고객인지 그리고 접촉 채널에 따라 오프라인과 온라인, 온라인 중에서도 어떤 플랫폼의 형태인지 세분화하는 과정을 거친다.

 필자는 이 단계를 소위 '파 썰기'라고 표현한다. 겉으로 보이는 파는 하나의 물체이지만, 칼로 파를 썰다 보면 몇 번의 작업을 통해 수백 개의 조각으로 나누어진다. 하나의 과제 안에는 수많은 형태의 세분화된 내용이 있다는 매우 단순한 비교인 것이다.

3. 항목의 정량화

 세분화를 거친 항목은 이제 정량화의 단계로 들어간다. 정량화 단계는 계획 단계 중 가장 중요한 단계이다. 과정 진행 시 리더와 구성원 그리고 또 다른 상위 리더 등 이해관계인들과의 소통에 있어서 혼선을 방지하고 방향성을 유지하게 해준다. 목표 달성에 미달하였다면, 원인 분석을 하는 과정에서 각자의 추상적인 의견보다는 숫자에 입각한 대화를 바탕으로 의미 있는 토론을 진행할 수 있다. 목표 수준이 현실성이 없었다든지 또는 목표를 달성한 경우에도 예상했던 시나리오가 적용된 것인지 등을 점검해 볼 필요가 있다.

 예로 제시한 사례인 내방 고객 증대에서 주중 내방 고객, 특정 SNS로 세분화했다면 정량화 단계에서는 기존의 측정 수준에서 목표 달성이 가능한 수준을 예측하고 정량화된 수치를 제시한다.

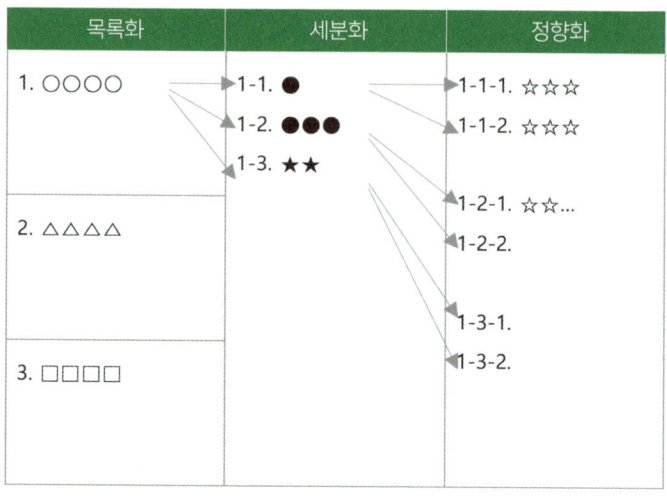

목표 달성이 가능한 실행 항목의 목록화
목록화된 항목의 세분화
세분화한 항목의 정량화

요약하여 한 번 더 강조한다.

그렇다면 어떻게 반드시 달성할 수 있는 계획을 수립할 수 있을까? 역설적으로, 반드시 달성할 수 있는 계획을 수립하기 위한 과정은 반복 그 자체가 중요하다. 유명한 맛집 레시피도 어느 날 갑자기 떠오른 아이디어로 만들어진 것이 아니다. 계획의 완결성이 부족한 경우 실행 후 달성 여부가 불투명한 것은 계획 자체에 문제가 있기 때문이다.

계획을 위한 계획은 의미가 없다. 핵심은 목표 달성을 위한 계획을 수립하는 능력이 중요하며, 이러한 능력을 향상하기 위해 지속적인 실행과 반복을 거쳐야 한다.

또한, 계획은 목표 달성과 과제 수행 외에도 과정 자체를 목표로 삼을 수 있다. PDCA의 작성 분야에는 제한이 없으며, 최적의 방법을 찾기 위해 다양한 시도를 목표로 삼을 수 있다. 중요한 것은 PDCA는 4개의 빈칸으로 구성된 프로세스로, 어떤 목표든 그것을 달성하기 위한 계획과 과정을 점검하는 것이다. 핵심은 '반복적인 시도'를 통해 개개인의 역량을 향상하는 것이다.

PDCA는 조직 전체의 관점보다 리더 개개인의 역량 향상 관점에서 더 효과적으로 적용할 수 있다는 점이다.

PLAN의 중요성과 수립의 어려움

Plan 수립 시 성과 달성을 위한 여러 가지 방법을 나열한다. 그리고 항목마다 정량적 목표를 정하면서 달성의 가능성을 체크하고, 전체 목표 달성의 가능성을 파악한다. 전체 목표 달성을 위한 메인 항목이 아닌 항목도 중요하게 다루어야 한다. 왜냐하면 외부 환경이 바뀌면서 메인 항목이 바뀔 수도 있기 때문이다. 일종의 '보험' 개념으로 생각해도 좋다. 또한 부수적인 과제도 실행 과제를 준비하면서 실행 오차를 줄여나가야 함은 물론이다.

대개의 경우 구성원들은 스스로 주도적인 목표를 수립한 경험이 적다. 이럴 때 리더의 코멘트가 필요한데, 리더 또한 경험이 적은 경우가 많다. 회사의 자원이 한정적이라 오해하기 쉽지만, 나에게 주어진 여건 하에서 Plan을 수립하는 것이 중요하다.

과감한 도전과 철저한 준비는 어떤 상호 관계인가?

철저한 준비라고 하면 '실패 확률을 줄이거나 제로화하기 위해 시간이 걸리더라도 제대로 준비한다'는 뉘앙스가 있고 과감한 도전은 '결과가 불확실한 상황에서도 적극적으로 실행한다'라는 의미로 해석할 수 있다.

라이트급 복싱 선수가 과감하게 도전하고 싶은 의지로 경기를 얼마 남겨두지 않은 상황에서 미들급 체급에 도전하는 일은 없을 것이다. 미들급에 도전한다는 목표를 세웠다면 체중이나 경기력 관련 세부 목표를 나누고 기간별로 달성 수준을 정하고 진행할 것이다.

철저한 준비는 단순하게 실패하지 않는다는 가정보다는 성공 가능한 항목을 검토하고 검증해서 목표 수준과의 갭이 발생하더라도 발생한 갭이 예상 시나리오상에 존재하여 대응이 가능한 수준으로 판단해야 할 것이다.

철저한 준비의 시간적 의미와 과감한 도전의 불확실성에 대한 일단 두드려 보기식 해석은 지양해야 한다.

'과감한 도전'은 주도적이고 높은 수준의 목표에 대한 도전이며, '철저한 준비'는 예상되는 시장 상황이나 고객의 반응 등의 다양한 검토를 개발하는 것으로 해석하자. 복수의 달성 과제를 도출하여 최적의 실행 안을 내는 과정 자체가 의미가 있다.

철저한 준비와 과감한 도전은 충돌하는 개념이 아니다. 철저한 준비를 해야 높은 목표에 도전할 수 있는 것이다.

철저한 준비가 되었다고 하더라도 성공할 확률이 급격히 올라가는 것은 아니다. 아무리 철저한 준비를 한다고 해도 한 번에 성공하기는 어렵다. 만약 한 번에 성공했다면, 외부 변수가 작용했을 확률이 높다. 단순히 성공 여부로 끝나는 것이 아니라 왜 성공 혹은 실패했는지 파악하는 것이 PDCA의 두 번째 핵심 포인트이다.

몇 번의 도전과 실패가 반복된 후의 결과가 아닌 첫 번째 도전으로 얻은 목표 달성은, 아무리 철저한 계획이라도 현실을 반영하지 못한 '책상 위만의 계획'일 확률이 높다.

Plan 우선순위 작성법

업종과 상황이 다른 독자를 감안할 때, Plan의 첫 번째 항목으로 무엇을 정할지는 불확실한 것일까? 그렇지 않다. 우선순위는 목표를 달성하는 데 가장 중요한 영향을 미치는 항목부터 정해야 한다.

이때 유의해야 할 점은 과정지표 자체를 목표로 삼는 것이다. 업무의 우선순위를 정할 때 부가 업무를 메인 업무로 착각하는 경우가 왕왕 있다. 그 이유는 평가 지표에 있기 때문인데, 이런 경우

지표관리의 허상에 빠지게 되는 것이다. 많은 회사가 과정 관리의 중요성을 인식하고 과정지표를 KPI에 반영하지만, 과정지표 자체를 하나의 업무 목록으로 전락시키는 우를 범하면 절대 안 된다.

두 번째는 우리 조직에서 1등 할 항목을 찾는 것이다. 의미는 여러 가지이다. 조직의 성공체험을 해보는 단계이고, 그것이 미치는 영향력을 경험함으로써 조직이 자신감을 가지고 본질적인 목표에 도전할 수도 있다.

'철저한 계획 - 실행 - 철저한 원인 분석'을 통해 도출된 보완점을 반영한 계획이야말로 성과 창출의 첫 번째 출발선에 있다고 해도 과언이 아니다. 또한 실행력은 소위 '뚝심' 있는 일 처리를 의미하는 것은 아니다. 입으로 아무리 잘 하자를 백번 외친다고 하더라도 우리 뇌는 이미 실행의 진실성을 판단하고 행동을 제어하고 있을 것이다. 실행력은 이러한 PDCA 휠을 통해 얻은 자신감이 접목될 때 폭발적으로 나오게 된다.

고객을 응대하는 접점의 하루 성과는 언제 결정될까? 마감 시간 임박해서일까? 필자는 '오픈 후 3시간 이내'에 결정된다고 생각한다. 주도적으로 수립된 올바른 계획이라면, 계획과 목표 달성의 상관관계는 마감 시간까지 기다려서야 알 수 있는 결과물이 아니라, 3시간 이내에 전달되는 '그들만이 아는 메시지'가 될 것이다.

Do: 실행력

실행력은 그 자체로만 중요한 것이 아니라,
철저한 준비와 계획을 전제할 때 빛을 발한다

    실행력의 90%는 Plan에 달려있다. Plan에 따른 지표가 달성되었다면 목표 달성 여부를 평가하는 관점에서 Plan의 중요성을 재확인해야 한다.

    과거 도전적인 목표를 설정했을 때, 그 목표를 달성하기 위해 실행력에 집중했다. 그러나 이러한 실행력은 그 자체로만 중요한 것이 아니라, 철저한 준비와 계획을 전제할 때 빛을 발한다.
    '생즉사 사즉생'의 정신력은 철저한 준비를 통해서만 더욱 빛을 발하며, 이는 물리적 자원만이 아니라 현재 상황에서 최적의 계획을 수립하는 것을 의미한다.

구성원들의 고민은 이것이다. PDCA도 실행해야 하고, 기본 업무도 처리해야 한다. 지원 프로그램이 제대로 '지원'하지 못하는 상황이 벌어질 수 있다.

Check: 문제 해결의 솔루션

:

문제 해결은 핵심을 찾아내는 과정이다

Check 단계는 실행 중간 결과에 따른 이상 여부에 대해서 점검하고 원인을 분석하는 단계이다. 사전에 준비하거나 계획했던 대로 진행되었는지, 외부 환경이나 내부 환경의 변동 요소는 없었는지, 또는 외부 환경이 변했다면 어떤 결과가 나왔을지에 관해 파악된 결과 외에 여러 상황을 두고 점검하고 원인을 분석하는 단계이다.

Check 단계의 핵심은 문제 발생의 원인을 정확하게 찾아내는 역량이다. 한 가지 예를 들어본다.

대리점주 A는 항상 매장 실적이 나쁜 이유를 길 건너에 있는 동종 매장의 싼 가격 때문이라며 불만을 토로해 왔다. 지점 내 가장 경력이 오래된 부장이 담당하여 여러 방법(판매원과의 면담, 매장 진열 변경, 이벤트 시도 등)으로 문제를 해결하려 했지만 번번이 실패했다.

이때 신입사원이 자기가 해보겠다고 손을 들었다. 신입사원이 2주 동안 매장에서 밤낮으로 지켜보고 직원들과 소통한 결과(성실한 모습으로 직원들과 1:1 대화, 작은 것 하나라도 약속 챙기고 지원해 주기 등의 진실한 모습에 직원들이 마음을 열고 상황을 공유하는 등 신뢰성 있는 활동을 진행하였다.), 문제는 엉뚱한 곳에 있었다. 내부 평가 제도가 마진 중심이라 적극적인 권유에 소극적이었던 것이다. 대리점주는 상황을 정확하게 판단하고 개선책을 제시하는 신입사원의 요청에 아무 말도 못 하고 영업 계획의 전부를 신입사원과 함께 만들었고 결과적으로 매장의 성과는 대폭 향상되었다. (이후 이 신입사원은 성장을 거듭하여 지금은 훌륭한 리더로 활동하고 있다.)

문제의 원인을 찾아내는 방법으로 '5WHY' 기법을 많이 사용한다. 5WHY는 말 그대로 문제의 원인을 '왜(WHY)?'를 통해 원인 파악을 5단계로 시도하는 것이다.

예) 주중 내방 고객이 계획에 미달했다. 원인은 무엇인가?

첫 번째 WHY? : 기존에 사용했던 SMS 문자는 이제 효과가 작다.

두 번째 WHY? : SNS는 지역·연령별로 세분되기 시작했다.

세 번째 WHY? : 우리 매장에 적합한 OO 플랫폼 등 대안 5가지는 무엇인가?

실제로 5단계까지 가지 않고 2~3단계에서 원인을 발견하는 경우도 많다. Check의 핵심은 원인을 찾아내는 것이다. 이 단계에서 추가적인 포인트는 문제의 원인을 외부 상황(시장의 변동이나 정책의 변화 등)에서 찾으면 조직 단위에서 다음 단계의 조치를 할 영역이 제한적이라는 점이다. 내부 이슈 중심으로 차근차근 풀어나가야 한다.

개별 항목의 달성 여부를 점검하는 것과 병행하여 실행 과제가 목표 달성의 우선순위에 있었는지도 점검해 봐야 한다. 실행 과제를 달성한 것이 '목표를 달성한 것인가'라는 점이다. Plan은 목표 달성을 위한 과제이므로 Plan의 성공이 목표 달성으로 '직접' 이어졌는지를 반드시 검증해야 한다. 실행 과제는 달성했으나 목표에 미달한 경우도 많다. 이 경우엔 다시 목표 달성을 위한 최적의 Plan을 설계해야 한다.

과제별로의 달성과 미달성의 Gap 의미를 명확히 하는 것은 매우 중요하다. 보통 하나의 Plan만 가동하는 경우는 드물다. 이에 여러 가지 Plan을 모두 달성할 수도 있고, 혹은 일부만 달성하고 일부는 미달할 수도 있을 것이다. 항목별로 Gap을 정량화하고 차이 나는 부분은 어떤 의미가 있는 것인지 분석해야 한다. 미달한 항목이라도 도전적인 목표로 세웠다면 어떤 의미가 있는지 부여하는 작업도 필요하다.

Act: 플라이휠의 관점에서

"수많은 시행착오를 거쳐…"
흔히 듣는 이야기이지만 실제로 실행하는 리더는 드물다

이제 Check 단계에서 파악된 원인을 바탕으로 Act를 구성하는 단계에 왔다. 현상적으로 파악되는 원인 분석이 아닌 본질적인 Gap의 이유를 찾았다면, 이를 다시 계획에 반영할 포인트를 작성해 보자. 'PDCA 휠'을 가동하는 중요한 단계이다. 이 단계까지 잘 진행된다면 지속적인 성장 포인트를 찾아낼 가능성이 매우 높아진다.

"수많은 시행착오를 거쳐…" 흔히 성공한 사업가나 한 분야의 장인이 된 사람의 스토리가 전개될 때 반드시 나오는 표현이다. 필자는 이 문장이 리더로서의 성공에도 필수 요소라고 생각한다.

PDCA의 Act 단계는 시행착오를 거쳐 동일한 실수를 반복하지 않기 위해 개선된 계획을 검토하는 단계이다. 성공은 한 번에 달성되지 않는다. 드라마에 나올 법한 번뜩이는 아이디어를 통한 성공은 드라마일 뿐이다. 현실에서 그런 방식으로 성공했다는 사례의 99%는 가공되었을 가능성이 크다.

성공할 듯한 여러 가지 계획도 수많은 시행착오를 거쳐 확실한 목표 달성에 이르는 실행 과제로 재탄생한다. PDCA는 일회성 단계가 아닌 Act 단계를 거쳐 또 다른 PDCA 단계를 시작하고 반복하면서 성과 창출의 지속성을 담보해 준다.

Act 단계에서는 계획과 실행에 따른 Gap에 대한 원인 분석을 통해 시행착오를 줄이고, 목표를 달성할 수 있는 방법을 찾아 다음 계획에 반영할 준비를 한다.

한편 이러한 원인 분석에 따라 PDCA 휠을 재가동하는 시점에, 상위 부서 차원의 외형적 수치 등의 압박으로 인해 시간이나 여건이 여의치 않은 경우도 많다. 하지만 우선순위는 회사의 방향에 따라 진행하는 것이다. 이는 리더가 갖춰야 할 매우 중요한 기본자세로, 리더만의 독단적인 생각으로 업무를 진행하거나 계획해서 조직을 엉뚱한 방향으로 끌고 나가면 안 된다.

리더로서 중요한 역할은 전사 차원의 문제 보다 부서 차원의 솔루션을 먼저 찾는 것이다. 이는 다르게 표현하면, 문제의 원인을 먼저 우리에게서 찾으려는 노력해야 한다는 것이다. (전사 지원은 덤으로 생각하자)

PDCA에 대해 누구도 알려주지 않는 것

중요한 것은 각각의 항목을 해당 분야나 과제에 맞게 적용하고
과정 중심의 관점으로 활용하는 것이다

    PDCA 작성 초기에 겪는 주요 혼란은 정확한 작성 개념에 관한 것이다. 주어진 목표에 관한 계획을 세우는 것이 목표를 의미하는 것인지, 아니면 계획 자체가 목표를 포함하는 것인지에 대한 혼선이 발생한다. 또한, 'DO' 단계에서는 실행 여부를 확인하는 것뿐만 아니라 실행에 대한 상세 내용을 기록하거나 실행 계획을 작성해야 하는지에 대한 혼란을 겪기도 한다.

    특히 'CHECK' 단계에서 혼란이 많이 발생하는데, 실행 기간 중간에 점검하여 실행 계획을 수정하고 진행하는 것인지, 실행 기간이 끝난 후 결과를 평가하고 개선 사항을 다음 달에 반영하는 것인지에 대한 이해가 혼란을 가중시키는 요소가 될 수 있다.

하지만 PDCA에 관한 이러한 궁금증을 해결해 주는 도서나 자료는 많지 않으며, 있다고 하더라도 대부분은 특정 조직에 적용할 수 있는 내용을 다루고 있기 때문에 본인의 조직이나 다른 조직에 즉시 적용하기에 무리가 있을 수 있다. 또한, 이론적 설명만 하는 자료도 다수 있어 개념을 정확히 이해하지 못한 채, 따라 하다 보면 그 혼란은 더욱 커질 수 있다.

이에 필자는 PDCA의 기본 개념에 집중하고자 했다. P, D, C, A 각각의 항목이 갖는 개념을 정확히 이해하고, 우리 조직에 맞게 적용하려 노력했다. 또한, 구성원들과 소통을 통해 이해하기 어려운 'CHECK' 개념을 'WHY'라는 직관적인 용어로 바꾸어 혼란을 줄이려고 했다. (필자의 회사에서는 PDCA를 PDWA로 바꿔서 사용한다)

PDCA를 경영 기법으로 소개하기도 하지만, 필자는 과정 중심의 개념으로 해석하고 단위 과제나 월별 계획과 같이 상황에 맞게 변형하여 사용하고 있다. 그동안 여러 가지 경영 기법을 접해봤으나 과정 중심의 업무 진행을 위한 툴(Tool)에 있어서는 가장 활용도가 높다고 생각한다. 중요한 것은 각각의 항목을 해당 분야나 과제에 맞게 적용하고, 과정 중심의 관점으로 활용하는 것이다.

회사가 하나의 경영 기법을 도입해서 적용한다면, 실제 업무에 도움을 주며 정착되기까지 얼마나 큰 노력이 필요할까? 아무리 좋고 뛰어난 업무 툴도 새로운 조직에 적용하여 성과 창출에 도움이 되기까지는 도입하려는 회사에 맞게 적용하고 철저하게 준비해야 하는데, 이러한 과정 없이 급하게 도입부터 하면 새로운 시도가 '또 하나의 일'이 되는 경우가 많다.

또한 검증 과정이나 상위부서의 지시 없이 단위 조직에서 리더 본인만의 의지로 새로운 업무 툴을 도입하는 것은 구성원의 입장에서 보면 또 다른 '부가된 일'이라고 느낄 수도 있다. (중간 리더의 해석 오류 등 여러 가지 이유가 있겠지만)

필자는 이런 실질적인 상황을 고려하여 리더 자신의 개인적 업무에 도입해 보고 충분히 익숙해진 후 소속 조직 단위에 적용해 작은 과제부터 시행해 볼 것을 추천한다. 개인이나 구성원의 역량 육성을 위한 활용 툴로 활용해도 효과적일 수 있다. "PDCA도 해야 하고 일도 해야 하고", 목표와 과정이 뒤바뀌어 구성원이 의미 없는 일에 시간을 낭비하지 않도록 하자.

PDCA는 '성공하는 습관'이다. 성공은 나의 노력과 기회가 맞아야 한다. 하지만 PDCA로 무장된 사람은 이미 철저한 과정 관리를 통한 성과 창출의 역량을 보유하고 있기에 또 다른 성공을 도모할 수 있는 가능성이 높다. 우리가 얘기하는 성공도 그들에게는 원대한 도전 목표로 가는 하나의 과정일지도 모른다.

PDCA 작성 방법

PDCA 양식 작성에 필요한 것은 A4용지 한 장이면 충분하다
PC 화면에 떠 있는 Word, PPT, Excel도 무방하다.

첨부의 양식과 같이 제목, 작성 월일, 작성 주기, 작성 팀(또는 부서) 등의 기본 사항을 기재한다.

제목은 목표 수준 자체를 제목으로 하는 경우 목표 수준을 적는다. 달성 기간도 함께 쓴다. 연간 목표, 월간 목표로 목표 관리를 하는 경우에는 '00월 목표', '00년 목표'라고 작성하면 된다. 개별 프로젝트의 경우 프로젝트의 제목을 적고 제목에 목표 수준이 병기되도록 한다. 작성 단위는 팀 단위나 그룹 단위 등 회사에서 해당 과제를 수행하기 위해 정해준 단위 조직 명이나 소속명을 적는다.

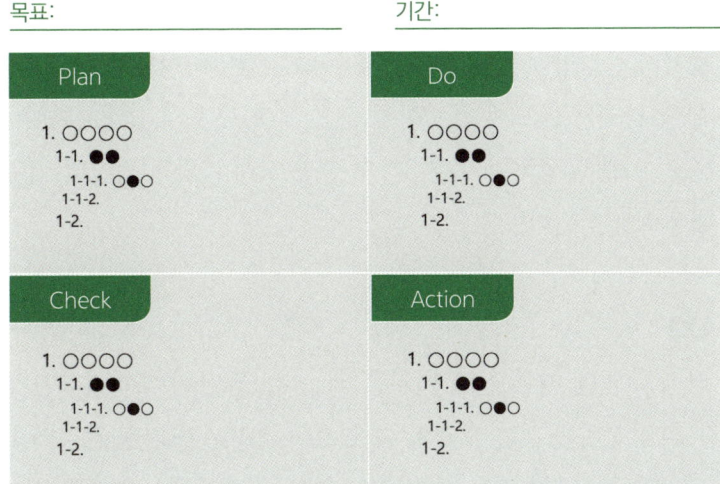

PLAN

목표를 달성하기 위한 실행 과제를 3가지 적는다. 꼭 3가지로 정해진 것은 아니지만, 3가지 이상 실행 과제를 설정할 시 집중력이 떨어지는 경향이 있으니 조직의 특성을 감안하여 안배한다.

실행 과제는 반드시 정량화된 작은 목표 수준의 실행계획이어야 하고, 이를 달성하기 위한 3가지 활동 역시 가급적 정량화, 세분된 내용으로 적는다.

DO

작성 주기에 따른 실행 여부를 적는다. 월 단위 계획이라면 월 마감 후 작성하는 것을 고려할 수 있으나, PDCA가 과정 관리의 툴이므로 월 중 1, 2회 정도 중간 점검을 진행하고 내·외부 환경에 따라 개선할 필요가 있다면 팀 내 그라운드룰을 정해 수정된 내용을 기록한다.

이때 PLAN에 수정된 내용을 다른 색의 필기구를 활용해 구별할 수 있도록 작성하는 것도 도움 된다.

CHECK

DO의 실행 점검 주기에 따라 진행 과정상 도출된 문제점의 원인과 이유에 대한 내용을 파악하여 기재한다. 대부분 계획과 실행의 GAP에 대해서 원인을 파악하는 단계이다. 5WHY 단계를 적용하고 문제의 원인이 파악된다면 이후 ACT 단계에 적용할 내용들이 정리될 것이다.

ACT

CHECK 단계에서 파악된 원인을 중심으로 어떻게 보완하고 적용할지에 대한 내용을 작성한다. 나아가 실행 점검 주기에 따라 진행 과정상 도출된 문제점의 원인과 이유에 대한 내용을 파악하여 기재한다.

이 경우, 다음 단계의 PDCA의 PLAN 단계와 유사한 내용이 작성될 가능성이 높다.

인재 육성과 PDCA 코칭

:

**리더의 궁극적인 미션은
조직의 성과에 기여하는 우수인재를 육성하는 것이다**

성과 창출과 관련해서, 역량 인증을 통한 우수 인재의 육성에 대해 전술하였다. 또한, 목표와 목적의 구분을 통해 구성원이 올바른 목적을 추구할 수 있는 의미에 대해서도 전술하였다. 이제 그러한 과제를 실제 업무에 적용해서 육성을 위한 실무적인 업무를 진행한다면, 구체적으로 어떤 툴을 사용하는 것이 좋을까? 필자는 인재 육성 측면에서의 업무 툴로도 PDCA를 추천한다.

리더로서 중요한 역할 중 하나는 팀 구성원의 역량 향상을 통해 성과 창출을 촉진하는 것이다. 현재 여러분이 소속된 회사의 인사 부서에서도 다양한 인재 육성 프로그램을 운영하고 있을 것이다. 이 프로그램은 육성 플랫폼일 수도 있고, 주기적으로 진행되는 다양한 교육 프로그램 중 하나일 수도 있다. 이러한 프로그램이 있다면 여기에 적용하여 육성과정이라는 관점에서도 PDCA의 개념을 병행해도 좋다.

리더 입장에서는 팀원들의 개인적인 성장과 육성을 책임지는 과제를 부여받게 된다. 이를 위해 연초에는 1 대 1 미팅을 통해 목표를 설정하고, 주기적으로 면담과 코칭을 통해 지원하는 것이 일반적인 방식이다.

그러나 이것이 쉬운 일은 아니다. 연초 세운 면담 및 코칭 계획은 각자의 바쁜 업무로 인해 미뤄지기 쉽고, 면담 시 구성원의 업무에 대한 불만이나 어려움을 듣다 보면 리더는 이에 압박을 받게 되기도 하고, 답답함을 느끼기도 한다.

이런 상황에서 개인별 PDCA 작성은 팀 또는 개인 업무와 별개로 개인의 성장과 육성을 위한 코칭 관점에서도 큰 도움이 될 수 있다.

"올해 내가 이루고자 하는 목표는 무엇인가?"
"현재 나의 역량은 어느 정도인가?"
"담당 업무를 통해 어떻게 목표를 실행할 것인가?"

이러한 질문을 PDCA 형태로 작성하여 수시로 육성 코칭을 진행하는 것이 중요하다. 이 방식은 구성원의 역량과 성장을 파악하는 데 큰 도움을 줄 뿐만 아니라, 과정 관리와 실행 여부 및 문제점 평가에도 도움이 된다. 이는 회사 차원의 문제보다는 개인 수준에서의 목표 설정과 성장을 중심으로 한 접근 방식이다. 또한, 리더도 구성원의 업무를 더 잘 파악할 수 있게 되며, 월별로 작성된 PDCA를 통해 성장 수준을 추적하고 평가할 수 있다.

우리 모두는 탁월한 역량을 가진 팀이 되길 바란다. 다만, 그런 일은 쉽게 이뤄지지 않는다. 개인의 역량 육성과 성장에 기반한 활동이 중요하다는 점을 명심해야 한다.

벤치마킹이 실패하는 이유

"다른 조직의 비밀을 알려 달라?"
우수 조직과 대화할 수 있는 눈높이를 찾는 것이 중요하다

　수학 능력 시험에서 수석을 한 수험생이 인터뷰를 진행한다. '수석의 비결이 무엇입니까?'라는 질문에 수험생은 어떤 생각을 할까? 본인이 수석의 결과를 낼 수 있었던 노하우를 알려 주려고 해도 뉴스 방송 인터뷰라는 시간적, 물리적 여건으로 애초에 의미 있는 대답을 하지는 못할 것이다. 역대 수석 수험생의 대답이 똑같은 것도 같은 이유이다.
　"학교 수업에 충실했습니다."

　필자가 생각하는 우수사례의 벤치마킹도 비슷한 맥락이다. 벤치마킹을 가서 "전사 1등 비결이 무엇입니까?"라는 질문을 한다면

질문자는 사전에 다음 수준을 점검해 보자.

1) 질문을 위해 사전에 충분히 우수사례의 내용을 숙지하였는가?
2) 나의 조직에서 시도했던 사례와 비교하여 차별점을 발견하였는가?
3) 나의 조직에 반영하기 위한 가정적인 대안은 있는가?

단순하게 새로운 아이디어를 얻기 위한 벤치마킹은 여기에서는 다루지 않는다. 벤치마킹은 궁금한 내용의 단순한 현상 파악이 아닌 나의 실행력과 우수조직의 실행력을 비교하여 차이점은 무엇인지 검증하고 개선하기 위한 '관점의 올바름'에서부터 시작해야 한다.

PDCA를 통해, 또는 여러 노력으로 성과를 이루고 전사적으로 우수 사례로 칭찬을 받았다고 생각해 보자. 결과적으로 보이는 성과 안에는 리더와 구성원의 "수없는 시행착오를 거쳐…"라는 함축된 상황이 있을 것이다. 그 기간은 짧게는 몇 개월일 수도 있고, 길게는 1~2년이 될 수도 있다. 반면에 벤치마킹이나 우수 사례에 대한 미팅은 짧으면 한두 시간 내에 이루어진다.

두 가지 상황을 고려하면, 벤치마킹이 성공적으로 이루어지기는 쉽지 않음을 알 수 있다. 여기에 벤치마킹하는 조직이 올바른 계획을 통해 여러 가지 시도를 하는 조직인지에 따라 결과도 크게 달라진다.

필자는 준비되지 않은 상황에서 단순한 '테크닉' 수준의 지식을 얻기 위해 벤치마킹하는 사례를 수없이 봐왔다. 회사 입장에서 보면, 이는 돈 낭비, 시간 낭비일 뿐이다.

PDCA 작성 관점에서 벤치마킹과 관련된 주제를 살펴보자. PDCA를 통한 지속적 개선을 추구할 때, 우리 조직만의 핵심 역량을 구축하는 것이 중요하다는 점은 분명하다. 그러나 실제 물리적 자원 및 여건의 한계로 인해 독립적인 활동을 반복하기 어려운 경우도 많다. 이런 상황에선 외부 우수 사례나 전문가의 조언을 활용하는 것이 유용할 수 있다. 외부 활동의 교훈을 통해 내부 역량을 보완하고자 하는 노력도 적극 검토해야 한다.

리더나 조직이 현재 수준에서 가장 필요한 역량이나 레슨의 발굴이 스스로 한계에 이르렀을 때가 벤치마킹이 필요한 순간이다. 그리고 리더의 눈높이가 그 정도 수준에 이르러야만 제대로 된 벤치마킹 활동이 가능하다.

어떻게 성공적인 판매를 할 수 있었는지에 대해 질문은 간단할지 몰라도, 그들이 어떻게 성공했는지에 대한 이해를 얻는 것은 매우 중요하다. 이러한 질문을 통해 상대방의 관점을 이해하고, 동시에 우리 조직에 적용할 수 있는 교훈을 찾는 것이 중요하다.

"당신 조직의 비밀을 알려 달라"라고 요구하는 부류로 오해받는 벤치마킹은 하지 말자.

Epilogue

리더십, 그 한 편의 깊은 바다

:

리더십은 마치 한 편의 깊은 바다와 같다는 생각을 해본다. 그 바다에서 리더는 끊임없이 많은 의사결정의 파도를 헤쳐 나가야 하며, 때로는 크고 작은 문제들의 거친 물결에 휩쓸릴 때도 있다. 이 바다를 항해하는 동안, 리더는 종종 광활한 외로움의 바다 한가운데에서 자신만의 고독한 배를 몰고 가야 한다. 나 혼자서 결정을 내려야 하는 순간들은, 마치 파도 위에서 흔들리는 작은 배처럼 어쩌면 가장 외로운 때일지도 모른다.

이 격동의 바다에서, '멘탈이 강하다'라고 평가받는 리더라 할지라도, 자신도 모르게 한없이 약해지고 쪼그라드는 순간들이 반복되곤 한다. 이는 마치 바다 위의 폭풍우처럼 리더십의 과제와 압박 속에서 발생하는 자연스러운 현상일 것이다. 필자가 경험한 바로는, 이 폭풍우를 헤쳐 나가기 위해서는 자신의 한계를 인정하고 자신을 돌보는 자기 수용과 자기관리가 필요하다.

때때로 리더는 동료들의 도움을 받아 바다의 폭풍을 피할 수도 있다. 그들의 조언과 지지는 가끔은 항구로 향해가는 등대 같은 역할을 하기도 한다. 그러나 궁극적으로 리더 자신이 선장으로서, 폭풍이 몰아치는 바다를 항해해야 하는 책임과 부담을 가지고 있다.

필자 역시 높고 품위 있는 목표를 향해 많은 해결책을 모색하며 항해해 왔다. 그럼에도 해결되지 않는 문제들이 마치 바닷속에 숨겨진 미지의 영역처럼 존재한다. 모든 문제를 완벽하게 해결할 수 없다는 현실, 마치 모든 해안선을 탐험할 수 없는 현실처럼 말이다. 이러한 상황에서 중요한 것은 리더가 자신과 맞닥뜨린 문제들, 그리고 그 앞을 가로막는 장애물들을 용감히 마주하고, 장애물을 극복하려는 끈질긴 노력이다.

'힘내자', '파이팅'과 같은 구호는, 때로는 파도 속의 작은 위안일 뿐, 실질적인 해결책이 되기는 어렵다. 리더로서 진정 중요한 것은 험난한 바닷속에서도 자신을 다독이며, 근본적인 변화와 해결책을 모색하는 데 있다.

나의 감정을 지배하는 요소들을 긍정적이든 부정적이든 십여 가지로 나누어 정리해 본다. 이 과정을 통해, 마치 나침반처럼, 어떤 요소가 나의 항로를 가장 크게 좌우하는지 파악할 수 있다. 대개 부정적 요소가 전체의 대부분을 차지하는 경우는 드물고, 부정과 긍정의 요소가 서로 균형을 이루곤 한다. 이 균형 속에서, 부정적인 요소 중에서라도 긍정으로 바꿀 수 있는 것을 찾으려 노력해야 한다. 이러한 변화는 우리가 폭풍우와 싸우는 항해에서 벗어나 햇살이 내리쬐는 조용한 항구로 안내하는 등대가 되어줄 것이다.

세상은 다양해지고 리더십에 대한 인식도 변화하고 있지만, 리더십의 본질은 여전히 변하지 않는다. 어떤 상황에서도 리더는 목표를 향해 나아가며, 자신의 감정을 조절하고 멘탈을 관리하는 능력을 길러야 한다. 이를 통해 리더는 스스로는 물론, 팀과 조직 전체를 한층 더 풍요롭고 안정된 항구로 끌어 나갈 수 있을 것이다.

졸문을 끝까지 마칠 수 있도록 용기를 불어 넣어주고 응원을 해준 가족에게 다시 한번 감사의 마음을 전한다.

마지막으로 이 글을 읽는 리더 여러분의
멋진 성공을 바라며 이 글을 마친다…